내적 치유 수양회

(리더용)

내적 치유 수양회(리더용)

지은이 | 짐 에글리
옮긴이 | 한국 터치 본부
등록번호 | 129-81-80357
등록일자 | 2005년 1월 12일
등록처 | 서울시 강남구 대치동 953-3 반석빌딩 2층
발행처 | 도서출판 NCD

초판 1쇄 펴낸날 | 2001년 11월 15일
초판 4쇄 펴낸날 | 2007년 6월 2일

값 3,000원
ISBN 978-89-8902-838-3
www.NCDKorea.com

▪ 잘못되거나 파손된 책은 구입하신 서점에서 교환해 드립니다.

도서출판 NCD
　주소 | 경기도 고양시 일산구 장항동 578-16 나동
　주문 / 영업부 | (031) 905-0434 팩스 (031) 905-7092
　본사 / 편집부 | (02) 538-0409 팩스 (02) 566-7754
　한국 NCD / 지원 · 코칭 | (02) 565-7767 팩스 (02) 566-7754

도서출판 NCD는 '자연적으로 성장하는 더 좋고 많은 교회 번식 운동' 을 펼치고 있는 한국NCD와 크리스천코칭센터 및 이와 관련된 기관들의 사역을 문서로 지원하는 출판사입니다.

한국 NCD는 현재 전 세계 6대주 66개국 10,000교회 4,200만 자료로 검증된 설문 조사 자료를 토대로 하여 한국에서 8가지 질적 특성을 중심으로 교회의 건강을 진단할 뿐만 아니라 더 많은 교회들이 건강하게 세워질 수 있도록 지속적으로 자료 및 도구 제공, 훈련, 세미나, 컨설팅, 코치 사역, 세계 선교, 지역 및 정보 네트워크를 위해 사역하고 있는 국제적인 전문 사역 기관입니다.

※ 보다 자세한 사항은 홈페이지를 참고하세요.

내적 치유 수양회
ENCOUNTER GOD

NCD 도서출판
www.NCDKorea.com

차   례

내적 치유 수양회 소개

이 강의안은 세 단락, 즉 준비, 목적, 시작으로 나뉘어져 있습니다.

- 준비는 각 과에서 준비해야 할 것들을 가르쳐 줍니다.
- 목적은 각 과의 목표가 무엇인지 보여 줍니다.
- 시작은 강의를 하면서 시간 배분과 명심해야 할 고려사항들을 가르쳐 줍니다.

본서의 부록에 있는 〈수양회 진행을 위한 가이드〉도 참고하십시오.
반드시 파워포인트를 사용할 필요는 없습니다. 『내적 치유 수양회』 학생용 책을 나누어 주고 강의만 해도 됩니다. 강의 내용은 매우 강력하고 직설적입니다. 각과의 강의 주제와 성경구절을 중심으로 진행하십시오.
포인트에 맞추어 설명하되 옆길로 새지 마십시오. 수양회에서 가장 중요한 부분인 기도와 사역에 많은 시간을 할애하십시오. 하나님은 "너희 죄를 서로 고하며 병 낫기를 위하여 서로 기도하라"(야고보서 5:16)고 말씀하고 계십니다.
나와 나의 아내는 이 능력 있는 말씀이 실제로 일어나는 것을 수 없이 보고 또 보아왔습니다. 우리의 삶도 13년 전에 이런 수양회에서 변화되었습니다. 그 후로 수많은 영혼이 이 수양회에서 변화되는 것을 보아왔습니다.

다음 수양회 준비를 위해 마음을 모아 강의를 준비하십시오. 수양회를 인도할 사람들은 수양회 몇 주 전에 팀으로 모여서 주님께 마음을 열도록 준비하십시오. 당신의 마음을 하나님과 사람들에게 열 때, 당신은 그분의 놀라운 치유와 회복의 능력을 경험할 것입니다.

제1과 (시작과) 영적 전쟁을 이해하기

준비

· 수양회 장소에 일찍 와서 마음을 가라앉히고 하나님께 통찰력을 주실 것과 수양회 진행 그리고 참석할
  사람들에 대해 기도하십시오.
· 사람들이 도착하면 등록하고 이름표를 달아 주십시오. 늦게 도착하는 사람들은 진행중이라도
  그대로 합류하게 하고 나중에 등록하게 하십시오.
· 예배로 시작합니다. 하나님을 만나고 우리 안에서 역사하시도록, 그리고 이번 과와 전체 수양
  회를 위한 분위기를 조성하십시오.
· 이 강의의 핵심이 되는 세계관 다이어그램을 반드시 보여 주십시오.

목적 – 이번 과에서 사람들은

· 예배 중에 하나님께로 마음을 열 것입니다.
· 수양회를 통해 최고의 유익을 얻을 수 있도록 기본적인 법칙들을 배웁니다.
· 우리 안에 견고한 진을 만들어내는 적이 존재한다는 것을 배웁니다.
· 우리는 그리스도의 보혈과 하나님의 말씀으로 우리의 적과 그의 계략을 이길 수 있음을 깨닫습니다.
· 죄가 무엇인지 이해합니다.

시작

· 사람들이 도착하면 슬라이드 1번을 보여 줍니다.
· 늦게 시작하더라도 이 강의는 서두르면 안 됩니다! 휴식은 짧게 하고 밤시간을 조금 더 연장해
  도 됩니다.
· 예배: 25~30분 / 소개와 친숙해지기: 5~10분
· 첫 강의와 토의에 50~60분을 할애하십시오.

<table>
<tr><td rowspan="5">시 작</td><td>환영합니다!</td></tr>
<tr><td>와주셔서 감사합니다.</td></tr>
<tr><td>긴장을 푸세요.</td></tr>
<tr><td>서로 인사하세요.</td></tr>
<tr><td>환상적인 수양회가 되도록 기도합시다!</td></tr>
</table>

예배로 시작하십시오.

서로 돌아다니며 '친숙해지기' 활동을 하십시오.

경배!

친숙해지기

* 남자는 남자끼리 여자는 여자끼리 만나세요.
* 서로 다음 사항을 나눕시다.
  · 이름
  · 어렸을 때 좋아했던 TV 프로는?
  · 이 수양회에서 기대하는 한 가지는?
* 상대방과 수양회를 축복하는 말 한 마디씩 나누기

만난 적이 없거나 오랫동안 이야기 하지 못한 사람과 만나서 이야기하는 것이 이상적입니다.

이 수양회의 목표

* 하나님을 만나는 것!
* 깊고 놀라운 차원에서 그리스도의 자유와 임재를 깨닫는 것.
* 계속적으로 영적 승리를 거두는 법 배우기.
* 다른 사람들이 그리스도안에서 승리의 삶을 누리도록 돕는 방법을 배우기.

수양회의 목적을 간단히 설명하십시오. 설명에 많은 시간을 쓸 필요 없습니다. 주의집중과 기대감을 가질 수 있게 하면 됩니다.
이런 수양회가 나를 어떻게 변화시켰는지 짧은 간증을 하는 것이 좋습니다.

광고와 지침

* 수양회 동안 이 장소에 머물 것.
* 바깥 세계화 접촉을 최소화하라. 하나님이 바깥 세상을 책임지시도록 맡기라!
* TV니 리디오를 듣지 말자. 신문도 보지 말자. 핸드폰을 끄자.
* 비밀을 지키자.

지침들: 일찍 떠나지 말것
· 외부접촉 최소화: 전화, 핸드폰, 라디오, TV 사용금지.
· 비밀 보장: 깊은 나눔이 있을 것이므로.

등록, 끝나는 시간, 시설 등을 간단히 설명해 주십시오.

전투와 승리

제목 슬라이드

밖에서는 전쟁이 벌어지고 있습니다!

* 때로 그리스도인들은 이 사실을 잘 모르고 있습니다.

우리는 세상에 살면서 전쟁 중에 있다고 볼 수 있습니다. 그러나 그리스도인으로서 이 전쟁의 성격과 적군이 누구인지를 잘 알지 못합니다.
이 전쟁을 이해하고 이기려면 우리는 성경을 참고해야 합니다.

밖에서는 전쟁이 벌어지고 있습니다!

"우리의 싸움은 혈과 육에 대한 것이 아니요 정사와 권세와 이 어두움의 세상 주관자들과 하늘에 있는 악의 영들에게 대함이라"

에베소서 6:12

이 말씀을 다 같이 크게 읽어 봅시다.

이 전쟁은 영적인 것입니다. 우리를 파괴하려고 하는 적은 영적인 힘을 가지고 있습니다. 적은 사람(자유주의자, 정부, 불신자)이 아닙니다. 우리는 사람이 아니라 마귀의 영적 능력과 싸워야 합니다.

밖에서는 전쟁이 벌어지고 있습니다!

"하늘에 전쟁이 있으니 … 큰 용이 내어쫓기니 옛 뱀 곧 마귀라고도 하고 사단이라고도 하는 온 천하를 꾀는 자라 땅으로 내어 쫓기니 그의 사자들도 저와 함께 내어 쫓기니라 … 그러므로 하늘과 그 가운데 거하는 자들은 즐거워하라 그러나 땅과 바다는 화 있을진저 이는 마귀가 자기의 때가 얼마 못 된 줄을 알므로 크게 분내어 너희에게 내려갔음이라 하더라"

요한계시록 12:7~12

말씀읽기

밖에서는 전쟁이 벌어지고 있습니다!

* 사탄과 하나님 사이의 싸움은 창세기 3장 15절과 요한계시록 20장 사이에서 벌어지고 있습니다.
* 인간의 죄 때문에 인류와 온 세계는 마귀에게 종속되어 있습니다.

이 갈등은 모든 역사에 걸쳐 나타나고 있습니다.

우리 죄 때문에 세상은 사탄의 영향력과 통치 아래 놓이게 되었습니다.

견고한 진(stronghold)이란 무엇인가요?

요새란 튼튼하게 방어하고 있는 장소를 말합니다.

사탄은 우리 인생에 어떻게 파고 들어와서 우리를 파멸시키고 얽매이게 하는가요?
사탄의 기본 전술은 견고한 진들을 통해 공격하는 것입니다.

견고한 진은 강력하게 요새화된 곳을 의미합니다.

견고한 진(stronghold)이란 무엇인가요?

* 성경에서 이 단어는 긍정적인 의미와 부정적인 의미 양쪽으로 사용되고 있습니다.
  · 시편 9:9
  · 시편 18:2
  · 고린도후서 10:3~5

* 이 구절들을 더 자세히 살펴봅시다.

견고한 진이란 단어는 성경에서 긍정적으로 동시에 부정적으로 쓰이고 있습니다.

(말씀을 찾아서 읽을 필요는 없습니다.)

하나님은 우리의 요새이십니다!

"여호와는 또 압제를 당하는 자의 산성이시요 환난 때의 산성이시로다"

시편 9:9

"여호와는 나의 반석이시요 나의 요새시요 나를 건지시는 자시요 나의 하나님이시요 나의 피할 바위시요 나의 방패시요 나의 구원의 뿔이시요 나의 산성이시로다"

시편 18:2

(이 슬라이드에 오래 머물지 마십시오.)

하나님은 우리의 강한 성입니다.

경건치 않은 견고한 진들

"우리가 육체에 있어 행하나 육체대로 싸우지 아니하노니 우리의 싸우는 병기는 육체에 속한 것이 아니요 오직 하나님 앞에서 견고한 진을 표하는 강력이다"

고린도후서 10:3~4

경건치 않은 견고한 진들

* 고린도후서 10:3~4절은 이스라엘의 가나안 정복에 대한 장면을 묘사하는 것입니다.
* 이스라엘 백성은 가나안 땅을 취하였습니다. 그러나 그 땅의 일부는 그들의 통치 밖에 있었습니다.
* 어떤 견고한 진들은 아주 오랜 동안, 수년, 심지어 수백 년 간 적들의 수중에 있었습니다.

견고한 진(stronghold)이란 무엇인가요?

* 마찬가지로 우리가 우리의 삶을 그리스도께 다 드렸다고는 하지만 우리 삶에서 어떤 영역들은 여전히 그리스도의 "통치 밖에" 있을 수 있습니다.
  · 실례: 분노, 탐욕, 두려움, 원한
* 견고한 진은 우리 삶 속에 사탄이 들어올 수 있는 입구 역할을 합니다.

성경에는 경건하지 못한 견고한 진도 있습니다.

이 말씀은 이스라엘이 가나안 땅을 정복할 때를 묘사하고 있습니다.

땅은 점령했지만 여전히 적들의 수중에 있던 요새들도 있었습니다.

예를 들면, 예루살렘은 다윗 왕이 정복할 때까지 200년 간 이스라엘 수중에 있지 않았습니다.

이와 같이 당신과 내가 우리의 삶을 그리스도께 드렸음에도 불구하고 우리의 통제 아래 있지 않은 영역들도 있습니다.

견고한 진은 어떻게 생겨납니까?

사탄은 이 영역을 침략의 거점으로 사용합니다.

우리의 적은 침투할 거점을 찾고있다!

"마귀로 틈을 타지 못하게 하라"

에베소서 4:26~27

"너희는 돌아보아 하나님 은혜에 이르지 못하는 자가 있는가 두려워하고 또 쓴 뿌리가 나서 괴롭게 하고 많은 사람이 이로 말미암아 더러움을 입을까 두려워하고"

히브리서 12:15

견고한 진(stronghold)이란 무엇인가요?

* 견고한 진은 다음과 같은 원인에서 발생할 수 있습니다.

· 죄 (특히 습관적인 죄)
· 용서치 않는 마음
· 사교(occult)에 빠져드는 것
· 세대간의 속박 (가족간의 얽힌 관계)
· 인생에서의 치명적인 경험

견고한 진(stronghold)이란 무엇인가요?

요지부동한 부분을 말합니다!!

(말씀 읽기)

하나님은 분노와 비통함이 쓴 뿌리나 족쇄가 되어 사탄이 큰 문제를 일으키게 만들 수 있다고 하셨습니다.

견고한 진은 다섯 가지 영역으로 구성되어 있습니다.

· 습관적인 죄
· 용서하지 못함
· 이교 숭배
· 가계의 속박 (조상이나 가족으로부터 내려오는 나쁜 영향)
· 충격적인 인생 경험들

견고한 진이란 무엇인가요?

강하게 쥐고 있는 것입니다.

우리는 내 인생, 가족, 교회, 국가적인 견고한 진을 가질 수 있습니다.

견고한 진(stronghold)이란 무엇인가요?

* 영적으로 눌리는 것이 있을 때, 그 뿌리를 다루지 않은 채 그것을 없애려는 노력은 대부분 헛수고입니다.

* 예수님은 죽음을 통해 우리를 이런 모든 속박에서 이미 자유케 하셨습니다! 우리가 더 이상 치를 대가는 없습니다.

그리스도 안에서 우리에게는 모든 권세가 있습니다!

* 경찰관에게 부여되어 있는 권세는 그 자신의 경험, 지위, 훈련 정도에서 나오는 것이 아닙니다.
* 모든 그리스도인들은 악한 세력을 장악할 수 있는 그리스도의 충만한 권세를 가지고 있습니다.
* 우리는 이미 악한 세력을 능가하는 자리에 서 있습니다.
* 티모시 워너 박사는 자신의 책 『영적인 싸움의 해결과 비교 문화적 선교』라는 책에서 세 가지 세계관에 대해 설명합니다.

견고한 진을 이해하는 두 가지 중요한 사항

1. 우리가 맨 밑의 뿌리를 다루지 않고 우리에게 영향을 미치는 악의 힘에 대항하는 것은 항상 무의미합니다.

> 예) 젊은 목사가 분노의 문제를 가지고 있었고 집이 조금이라도 어려우면 아내에게 격노하는 문제가 있었습니다. 이를 위해 상담을 받았지만 소용이 없었습니다. 그런데 어느날 포르노에 대한 죄를 고백하고 음란비디오와 잡지들을 버렸습니다. 그후 그가 분노하는 일이 사라졌습니다. 이 부분이 사탄이 그에게 영적 압박을 주고 가정에 파탄을 일으키게 했습니다.

2. 예수님은 당신의 자유를 위해 모든 대가를 지불하셨습니다. 당신에게 완전한 승리가 이미 확보되었습니다. 이 주말 동안 쉬면서 그분이 해주신 것을 단순히 받아들이기만 하면 됩니다! 더 이상 값을 치를 필요가 없습니다. 이 사실을 나에게 반드시 적용하도록 합시다!

경찰이 당신을 검문할 때, 당신은 그들에게 언제 경찰이 되었고 계급이 뭐냐고 묻지 않습니다. 일을 시작한 첫날이라 하더라도 그들은 주 정부의 모든 권위를 가지고 있습니다. 마찬가지로 모든 그리스도인들은 악한 영에 대한 예수님의 모든 권세를 가지고 있습니다. 경찰은 보통 목청을 높이지 않습니다. 조용히 말하지만 우리는 두려움을 느낍니다. 이와 같이 우리는 마귀에게 소리칠 필요 없습니다. 그들에게 떠나라고 할 때 조용히 그리고 확신 있게 말하면 됩니다. 그리스도 안에서 우리가 갖고 있는 권세에 대한 이해를 돕는 그림을 보겠습니다.

세계관이란, 세상이 돌아가는 것에 대한 우리의 이해를 말합니다. 이것은 무의식적으로 생겨납니다. 세상에 대한 우리의 가정들입니다. 지배자적 세계관에서는 하나님은 멀리 있고 인간들은 영적 힘들(별로 표시된)을 거룩한 사람이나 영매들을 통해 조작하려 합니다. 이것이 대부분의 사람들이 사물(정령 숭배자, 뉴에이지, 동방 종교들, 우상 숭배자들)을 이해하는 방법입니다.

현대인(그리스도인들 포함)들은 과학적 세계관에 영향을 받습니다. 이러한 관점은 하나님은 멀리 계시고 세상과 단절된 분으로 여깁니다. 그리고 물질계를 최고의 실존으로 여깁니다.

성경적 세계관은 하나님께서는 세상에서 활동하시고 세상에 관심을 갖고 계신 분으로 여깁니다. 하나님 이외에도 선하거나 악한 영적 힘들이 존재합니다. 성경은 그들을 천사와 마귀들로 부릅니다.

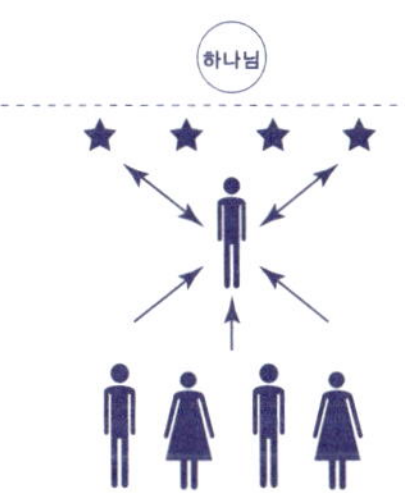

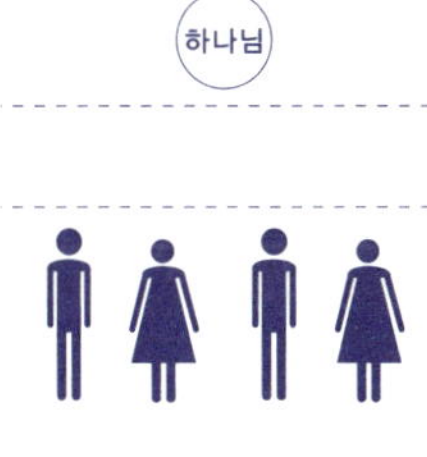

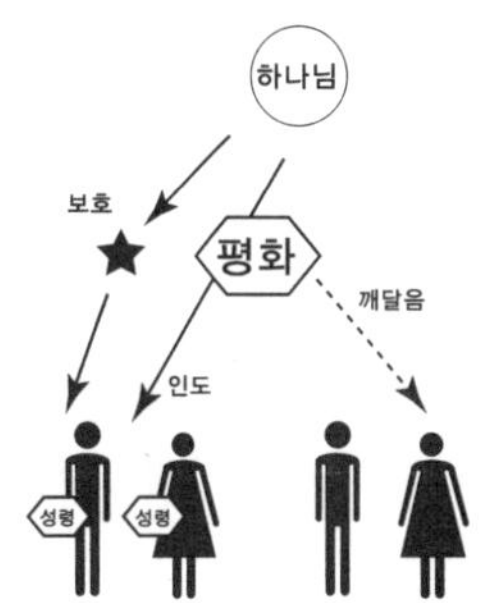

하나님은 천사들과 자신의 영을 통해 일하십니다.

하나님의 영은 신자들을 인도하시고 불신자들은 죄를 깨닫게 하십니다.

하나님은 세상에서 주로 성령님과 그의 천사들을 통해 일하십니다.

성경은 우리 신자들 안에 계십니다. 그분은 우리를 인도하고 불신자들의 죄를 깨닫게 만듭니다.

하나님은 천사를 통해서도 일하십니다. 천사들이 우리 주변에서 일하지만 우리가 그리스도로부터 초점을 잃게 될 정도로 보이게 하지는 않습니다.

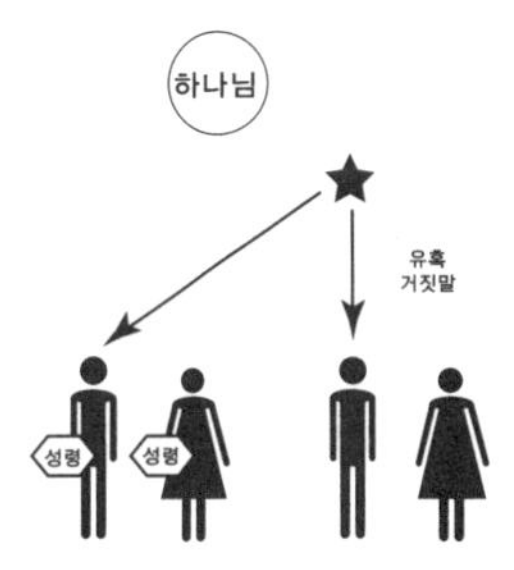

타락한 천사들은 두 가지 중요한 방법을 통해 사람들에게 영향력을 행사합니다. 그것은 바로 유혹과 거짓말입니다.

악한 영들은 자체가 무능력합니다. 우리에게 두 가지로 영향을 끼칩니다. 유혹과 기만(거짓말)입니다. 나중에 그것에 대해 더 살펴보도록 하겠습니다.

그리스도는 "땅과 하늘의 모든 권세"를 가지고 계십니다.

"예수께서 나아와 일러 가라사대 하늘과 땅의 모든 권세를 내게 주셨으니"

마태복음 28:18

우리가 천국에서 그리스도와 함께 앉게 되었다는 것의 중요성은 무엇입니까?

이것을 우리의 다이아그램에 적용시켜 보면 초기 그리스도인들이 어떻게 생각했는지 알 수 있습니다.

그리스도 안에서 우리의 권세

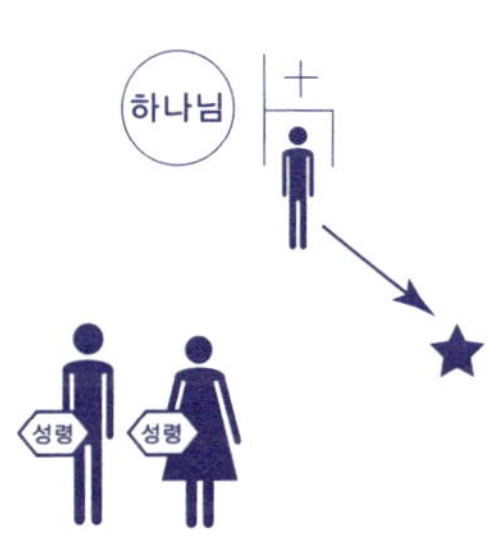

우리는 이미 그리스도와 함께 앉아 있기 때문에 악한 세력보다 우월한 위치에서 영적인 전쟁에 임하고 있다는 것을 알게 됩니다.

우리는 절대로 악한 힘들보다 못한 위치에서 영적 전쟁을 치르는 것이 아닙니다.
우리는 그리스도와 함께 앉혀졌고 그분의 모든 권세를 가지고 있습니다. 우리는 마귀들에 대한 권세를 가지고 하나님의 천사를 마음대로 부릴 수 있는 우월한 위치에서 전쟁을 치릅니다.

기독교적인 세계관

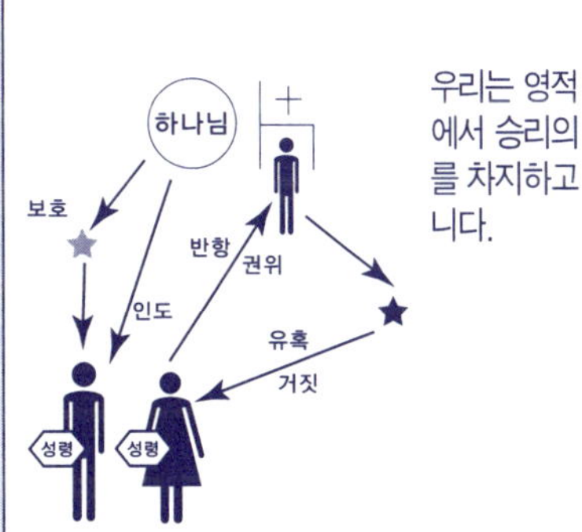

우리는 영적 전쟁에서 승리의 우위를 차지하고 있습니다.

"우리의 씨름은 혈과 육에 대한 것이 아니요 정사와 권세와 이 어두움의 세상 주관자들과 하늘에 있는 악의 영들에게 대함이라"
에베소서 6:12

(짧게 훑어 볼 것)

일어나서 서로 토의 합시다...

* 지금 가르침들 가운데 마음에 와 닿는 것은 무엇입니까?
* 어떤 질문이 있습니까?

(사람들이 일어나서 다른 사람과 3분 간 이 질문에 대해 토의하도록 하세요.)
· 지금 가르침들 가운데 마음에 와 닿는 것은 무엇입니까?
· 어떤 질문이 있습니까?

마음이란...

"만물보다 거짓되고 심히 부패한 것은 마음이라 누가 능히 이를 알리요마는"

예레미야 17:9

* **거짓되게 사악합니다!**
  · 어떤 의미인가요?
* 거짓은 너무도 강력한 도구입니다, 왜냐하면 속은 사람은 자신이 속고 있다는 사실을 모르니까요!

죄에 대한 짧은 개관이 전체 수양회의 기초를 다지는 데 도움이 됩니다. 하나님 말씀에 근거하여 각 사람들의 인생을 평가해 볼 필요가 있습니다. 마음은 거짓되기 때문에 이 작업은 중요합니다. 우리 마음은 사악할 뿐 아니라 거짓되게 사악합니다. 즉, 우리 안에 스스로 죄를 감춥니다. 우리는 각자 자신을 속이는 법을 잘 알고 있습니다! 거짓은 강력한 도구입니다. 속는 사람은 자신이 속고 있는 것조차 모릅니다. 우리 마음이 속이더라도 우리는 하나님 말씀에 근거하여 우리 삶을 바라 보아야 합니다.

하나님의 말씀은 우리 마음 속의 견고한 진들을 파괴할 수 있는 강력한 무기입니다.

우리의 핵무기

* 모든 궤변과 위선을 무찌르고 모든 생각을 사로잡는 하나님의 능력
* 하나님의 말씀은 견고한 진을 무너뜨리는 폭발적인 힘이 있습니다.

죄란...

- '우리의 삶에 있어서 자기 자신을 왕좌에 앉히는 것'
- '하나님의 말씀을 거스르는 모든 것'
  - 창세기 3:1~8
- * 우리는 악한 것에 대해서는 알 필요가 없습니다.
  - 로마서 16:19
- * 우리의 문화가 숭배하는 오락, 물질주의, 안락함 그리고 개인의 자유를 우상시하지 않도록 주의하십시오.

현실 세계

"도적이 오는 것은 도적질하고 죽이고 멸망시키려는 것 뿐이요 내가 온 것은 양으로 생명을 얻게 하고 풍성히 얻게 하려는 것이라 나는 선한 목자라 선한 목자는 양들을 위하여 목숨을 버리거니와"

요한복음 10:10~11

하나님의 마음

"평강의 하나님이 친히 너희로 온전히 거룩하게 하시고 또 너희 온 영과 혼과 몸이 우리 주 예수 그리스도가 강림하실 때에 흠 없게 보전되기를 원하노라 너희를 부르시는 이는 미쁘시니 그가 또한 이루시리라"

데살로니가전서 5:23~24

(이 슬라이드를 보여 주며 "죄가 무엇인가요?"라고 물어보세요. 몇 가지 대답을 들은 후 그 다음 죄를 정의하는 두 문장을 보여주세요.)

현대 문화는 하나님이 우리가 알기 원하시지 않는 사악함으로 가득 차 있습니다. 우리 사회에서 견고한 진을 찾아내기란 특히 어렵습니다. 하나님 앞에 우리가 내려 놓아야 할 것들(오락, 물질주의, 안락함, 개인의 자유)이 무엇입니까?

사탄은 오직 우리의 생명과 우리가 사랑하는 사람들을 죽이고 파괴하려고 옵니다.

예수님은 우리에게 완전한 풍성한 삶을 주시기 원하십니다.

하나님은 우리를 사랑하시고 우리가 풍성한 삶을 누리기를 원하시기 때문에 우리를 불러 내어 영적으로, 정서적으로, 그리고 육신적으로 완전한 순결에 이르게 하십니다.

당신은 무엇을 원하십니까?

* 당신은 그리스도의 완전한 자유를 원하십니까?
* '내적 치유 점검표'의 앞페이지에 마음에서 우러나는 기도를 짧게 적어 보십시오

(사람들에게 내적 치유 목록 첫 장에 자신들의 간단한 기도문을 쓰도록 합니다. 이것은 그들과 하나님만의 문제이므로 다른 사람과 이것을 나누지 않아도 된다는 사실을 확실히 해두십시오. 정답은 없으며 마음에서 우러나는 대로 쓰도록 하십시오.)

제2과 (첫 강의) 어두움에서 빛으로

준비

- ‘“어두움에서 빛으로”: 거짓 종교와 사교로부터의 자유’ 강의 후에 자동적으로 둘째 강의인 ‘치유받고 치유하는 사역’으로 이어집니다. 이 두 강의를 한 사람이 다 할 수도 있고 두 사람이 할 수도 있습니다.
- 이 강의를 준비할 때 사람들을 계속 속박하려는 혼돈과 거짓의 영들이 떠나가도록 기도하십시오. 성령님께서 사람들을 진리로 인도하시도록 간구하십시오.

목적 — 이번 과에서 사람들은

- 고백의 능력과 그것이 하나님의 치유를 어떻게 가져다 주는지 깨닫습니다.
- 사탄이 속이는 기본 전술이 거짓 종교와 사교임을 배웁니다.
- 사교가 무엇이고 그것이 어떻게 하나님 말씀에 위배되고 속박을 주는지 이해합니다.

시작

- 주말에는 사람들이 피곤하므로 속도를 적절히 조절하십시오.
- 이번 과의 첫 강의는 15분 간 합니다.
- 내적 치유 점검표에서 “어두움에서 빛으로” 부분을 하는데 3~5분의 시간을 할애합니다.
- 둘째 강의는 15분, 그리고 사역은 25분 간 합니다.

<table>
<tr><td>

어두움에서 빛으로

내적 치유 수양회
제 2 과

</td><td>

(사람들이 모일 때 이 슬라이드를 보여주십시오.)

이번 과는 거짓 종교와 사교로부터의 자유를 경험하는 것입니다.

어떤 분은 이 영역에서 별로 영향을 받은 것이 없다고 생각할 수도 있으나, 이 과가 진행되면서 이 과의 내용들이 교묘한 방법으로 당신에게 영향을 주있다는 것을 발견할 수도 있습니다.

</td></tr>
</table>

이번 과의 개요

* 도둑과 우리의 강력한 무기고
* 해방되어야 할 영역
* 거짓 종교와 사교로부터의 자유
* 치유 받기

이 과는 두 부분으로 나뉩니다. 첫 부분에서는

· 우리의 적과 그들을 물리칠 수 있는 우리가 가지고 있는 강력한 무기들
· 해방되어야 할 영역
· 이 수양회에서 우리가 얻게 될 것들
· 사탄이 거짓 종교와 사교를 통해서 우리로부터 빼앗아 가는 것들을 배우게 될 것입니다.

이 과의 끝부분에서 서로에게 실제적으로 사역하는 방법을 배울 것입니다.

도둑

"도적이 오는 것은 도적질하고 죽이고 멸망시키려는 것 뿐이요"

요한복음 10:10

예수님은 사탄의 목표를 알고 계십니다. 사탄은 우리의 적입니다. 사탄은 우리 생명과 우리에게 중요한 사람들의 생명까지도 빼앗고 파괴시키려 합니다.

도둑

* 사탄은 당신에게서 생명을 강탈해 가려고 합니다.
* 이 일을 위해 사탄은 유혹과 거짓말을 사용합니다.
  · 유혹을 통해 사탄은 파괴적인 것들이 당신 눈에는 그럴듯하게 보이게 만듭니다.
* 사탄은 다음과 같은 사항들에 대해서 우리를 속이려 합니다.
  · 우리 자신에 대해
  · 하나님에 대해
  · 옳고 그른 것을 판단하는 것에 있어서

사탄은 도둑입니다. 그러나 범죄예술가들처럼 자신이 전혀 반대의 사람인 것처럼 보이려고 애씁니다. 당신은 절대 회개하지 않을 도둑을 당신 집에 들여 놓겠습니까? 이 수양회에서 사탄이 우리의 삶과 집으로 들어오려고 노리는 곳을 살펴볼 것입니다.

유혹과 거짓말을 통해 우리를 파괴시키고 혼란에 빠뜨립니다.

우리의 강력한 무기고

"우리의 싸우는 병기는 육체에 속한 것이 아니요 오직 하나님 앞에서 견고한 진을 파하는 강력이라 모든 이론을 파하며 하나님 아는 것을 대적하여 높아진 것을 다 파하고 모든 생각을 사로잡아 그리스도에게 복종케 하니"

고린도후서 10:4~5

하나님은 우리에게 사탄의 계략을 무력화 할 수 있는 강력한 무기를 주셨습니다.
걸프전에서 이라크를 공격하는 연합군처럼 우리는 일방적인 우위에 있습니다.

우리의 마음이 바로 전쟁터입니다.

우리의 무기는

* 그리스도께서 흘리신 보혈 – 그분이 갈보리에서 얻으신 승리
* 진리 되신 하나님의 말씀 – 사탄이 던지는 유혹을 극복하고 사탄의 거짓말을 쳐부순다.
* 성령의 은사 – 지식의 말씀, 영 분별, 믿음, 치유, 기적의 은사 (고린도전서 12:8 이하)

우리의 무기는:
· 그리스도가 흘리신 보혈 – 우리의 승리를 위해 이미 모든 대가가 지불되었습니다!!!
· 진리이신 하나님 말씀은 유혹과 거짓이라는 사탄의 두 가지 전략을 모두 무력화시킵니다.
· 성령님께서 사역해야 할 정확한 부분을 집어내십니다. (하나님께서 사역하기 원하시는 부분을 성령의 은사를 통해 어떻게 알게 되는지 일례를 들어주어도 좋다.)

(슬라이드의 가르침을 그대로 따라가십시오.)

고백은 예수님의 주인되심과 우리 죄의 실상을 인정하고, 그 죄가 깨끗케 되고 치유되어야 하는 필요성을 인정하는 것으로써, 도적의 거짓말을 깨뜨리는 능력이 있습니다.

고백이 가져오는 능력

* 신약에서 고백 (homologeo)이라는 단어는 "동의하다, 혹은 인정하다" 라는 뜻입니다.
* 예수님을 주님으로 고백한다는 것은 그분의 주인 되심을 "인정한다" 혹은 주인 되심에 굴복한다는 뜻입니다.
* 우리의 죄를 고백한다는 것은 우리가 그 죄를 범했다는 사실에 "동의한다" 혹은 그 사실을 받아들인다는 뜻입니다.

고백은 용서함을 가져다 줍니다.

"만일 우리가 우리 죄를 자백하면 저는 이쁘시고 의로우사 우리죄를 사하시며 모든 불의에서 우리를 깨끗케 하실 것이요"

요한일서 1:9

고백은 치유를 가져옵니다.

"이러므로 너휘 죄를 서로 고하며 병 낫기를 위하여 서로 기도하라 의인의 간구는 역사하는 힘이 많으니라"

야고보서 5:16

치유 받고 싶습니까?

* "나음을 받다" (iaomai): 고침받다, 치료되다, 온전케 되다.
* 죄의 본질은 우리가 행하고 있는 것을 숨기는 것입니다.
  · 고백은 그 행한 것을 빛에 드러냄으로써 죄가 힘을 잃게 합니다.
  · 고백은 사탄이 더 이상 참소하지 못하게 합니다.
* 고백은 격려와 기도, 치유와 용서를 가져다줍니다. (요한복음 20:23)

우리가 우리 죄를 하나님 앞에서 인정할 때 하나님께서는 우리를 완전히 용서하시고 깨끗하게 하신다고 약속하십니다.

성경은 우리가 하나님께 죄를 자백하면 용서가 임한다고 말합니다. 그러나 우리가 서로 죄를 고백하고 기도할 때 치유가 일어납니다.

당신은 "내가 다른 사람에게 죄를 고백해야만 용서를 얻는가?"라고 물을 수도 있습니다. 좋은 질문입니다. 그럴 필요가 없습니다. 하나님께서는 하나님께 당신이 죄를 고백하면 용서받는다고 약속하십니다! 그러나 치유를 받고자 한다면 성경은 "서로 죄를 고백하고 서로 기도해 주라"고 말하고 있습니다.

질문의 요지는 "당신은 용서받고 싶은가?"가 아니라 "당신은 치유 받고 싶은가?" 입니다.

고백은 죄를 빛 가운데로 가지고 나옴으로써 죄의 힘을 파괴합니다.

요한복음 20장 23절을 다 같이 읽도록 합시다. (말씀을 읽는다.) 나중에 배우겠지만 우리는 서로에게 죄사함의 확신을 줄 수 있습니다.

우리는 예수님의 자유함을 경험할 수 있습니다.(Our Agenda)

* 어둠에서 빛으로의 자유: 잘못된 종교와 사교로부터의 자유함
* 속박에서의 자유: 습관적인 죄와 중독으로부터의 자유함
* 부정함에서 정결함으로의 자유: 성적인 자유함
* 상한 마음에서 온전한 마음에로의 자유: 분노와 원한으로부터의 자유함
* 반역에서 순복으로의 자유함
* 저주에서 축복으로의 자유함

이번 수양회에서 사역하게 될 영역에 대한 개관입니다.

어둠에서 빛으로

거짓 종교와 사교로부터의 자유함

사탄이 어떻게 유혹과 거짓말로 우리를 도적질하는가, 또한 우리가 어떻게 죄를 고백함으로 죄의 능력을 깨뜨리는가에 대해 살펴보았습니다. 이제 사탄이 시도하는 한 가지 방법을 살펴 보도록 합시다 ―거짓 종교와 사교에 참석하게 하는 것.

사단의 목표는 당신을 강탈해 가고 당신을 중화시키는 것입니다. 다음의 방법들을 통해서 . . .

* 종교적인 거짓말들
* 영적인 속박
* 주 예수 그리스도께 대한 충성심을 희석시킴으로써

사탄은 거짓 종교와 사교에 참여시킴으로
· 우리를 속입니다.
· 영적 속박에 집어넣습니다.
· 예수님과의 관계에 있어서 순결함과 능력을 빼앗아 갑니다.

예수님 이름으로 영적 지시, 능력, 치유를 구하지 않을 때 우리는 악한 능력에 노출됩니다. 이 경우 능력과 치유가 있다 할지라도 그것은 사기이고 그 능력이 오히려 더 큰 속박을 가지고 옵니다. (이와 관련된 예를 하나 드십시오 – 치유는 되었으나 영적으로 눌리게 된 장애자의 이야기; 그가 심령술사의 치유를 거부하자 다시 장애자로 돌아왔으나 기쁨과 자유가 있었다.)

하나님은 우리를 사랑하시고 가장 좋은 것을 주시기 원하십니다.

그분은 간절히 우리의 사랑을 받고 싶어하십니다.

그래서 모든 다른 영적인 영향력들을 거부하도록 명령하십니다.

(말씀 읽기)

(그냥 읽고 넘어가십시오.)

하나님은 질투하시는 하나님이십니다.

불순종은 다음 세대에까지 영향을 미치고 영적 속박을 가져다 줄 것입니다.

(말씀 읽기)

하나님의 말씀

"너희 중에 다른 신을 두지 말며 이방 신에게 절하지 말지어다"

시편 81:9

"그 아들이나 딸을 불 가운데 지나게 하는 자나 복술자나 길흉을 말하는 자나 요술하는 자나 무당이나 진언자나 신접자나 박수나 초혼자를 너의 중에 용납하지 말라 무릇 이런 일을 행하는 자는 여호와께서 가증히 여기시나니 이런 가증한 일로 인하여 네 하나님 여호와께서 그들을 네 앞에서 쫓아내시느니라"

신명기 18:10~12

(말씀읽기)

마술은 우리 죄성에서 나오는 행동 중 하나입니다.

하나님의 말씀

"육체의 일은 현저하니 곧 음행과 더러운 것과 호색과 우상 숭배와 술수와 원수를 맺는 것과 분쟁과 시기와 분냄과 당 짓는 것과 분리함과 이단과 투기와 술 취함과 바탕함과 또 그와 같은 것들이라 전에 너희에게 경계한 것같이 경계하노니 이런 일을 하는 자들은 하나님의 나라를 유업으로 받지 못할 것이요"

갈라이아서 5:19~21

사탄은 우리의 충성을 양분시키려 합니다.

우리는 이것을 심각하지 않게 생각할 수 있으나 성경에서는 하나님이 이런 것을 간음으로 여기신다고 계속 말합니다.

사탄은 당신의 헌신과 신뢰를 둘로 나뉘게 하고 싶어합니다.

"그 여러 민족이 여호와를 경외하고 또 그 아로새긴 우상을 섬기더니 그 자자 손손이 그 열조의 행한 것을 좇아 오늘까지 그대로 하니라"

열왕기하 17:41

- 하나님은 둘로 나뉘어져 있는 헌신은 어떤 것이든 간에 영적 간음으로 간주하십니다.
  - 남편이나 아내 된 자들은 자신의 배우자가 다른 사람에게 관심 갖는 것을 어느 정도 허용합니까?
  - 장난 삼아 하는 것도 하나님께는 심각한 것이며, 우리에게도 손상을 입힙니다.

"누구든지 일부러 겸손함과 천사 숭배함을 인하여 너희 상을 빼앗지 못하게 하라 저가 본 것을 의지하여 그 육체의 마음을 좇아 헛되이 과장하고 머리를 붙들지 아니하는지라 온 몸이 머리로 말미암아 마디와 힘줄로 공급함을 얻고 연합하여 하나님이 자라게 하심으로 자라느니라"

골로새서 2:18~19

누가 배우자의 관심이 다른 사람에게로 쏠리는 것을 원하겠습니까?

예수님은 우리에게 모든 영적인 속박으로부터 완전한 자유를 주십니다.

"또 너희의 범죄와 육체의 무할례로 죽었던 너희를 하나님이 그와 함께 살리시고 우리에게 모든 죄를 사하시고 우리를 거스리고 우리를 대적하는 의문에 쓴 증서를 도말하시고 제하여 버리사 십자가에 못 박으시고 정사와 권세를 벗어 버려 밝히 드러내시고 십자가로 승리하셨느니라"

골로새서 2:13~15

(이 슬라이드를 읽어주십시오)

그리스도는 모든 악한 능력들에 대해 완전한 승리를 이루셨고 우리 인생의 모든 속박들을 깨뜨리셨습니다.

영적 속박

* 우리는 잘못된 종교나 철학에 관여했던 것들을 모두 회개해야 합니다.
* 우리는 우리 조상들이 그런 죄를 지었던 것들도 회개해야 합니다.
* 심지어는 "사소한" 것이나 "그저 재미로" 해 본 것조차도 그리스도에 대한 우리의 신뢰를 떨어뜨립니다.
  · 궁합보기, 오늘의 운세 읽기 등
* 그런 일들에 뭔가 긍정적인 효과가 있다고 생각하게 만드는 것은 속임수입니다.

이번 과에서 우리 모두 고백하도록 합시다.
· 모든 거짓 종교와 철학에 참여했던 것들
· 나의 조상들의 사교 참여
· 그밖의 사소한 모든 형태의 사교 참여

분명히 "긍정적"인 효과가 있었더라도 그것은 하나님께로부터 온 것이 아닙니다!
그런것들에 의존하면 결국 속박은 더 커질 것입니다.

당신이 경험해 보았던 영역들을 표시해 보세요

· 그것이 과거에 경험한 것이라면 왼쪽에 체크해 주십시오. (예: ☑☐)
· 그것이 현재 경험하고 있는 것이라면 오른쪽에 체크해 주십시오. (예: ☐☑)
· 당신의 가족이 과거에 경험한 것이라면 왼쪽에 체크해 주십시오. (예: ☑☐)
· 당신의 가족이 현재 경험하고 있는 것이라면 오른쪽에 체크해 주십시오. (예: ☐☑)

***참고: 이 점검표는 걷지 않을 것입니다. 스스로에게 정직하게 하십시오. 이것은 수양회가 마칠 때쯤 파기될 것입니다. 당신 마음의 모든 영역을 성령께서 치유하시도록 정직하게 내어드리기 바랍니다.

(내적 치유점검표를 각자 살펴보게 하십시오.)

(요령을 설명해 주십시오.)

(이번 과인 "어두움에 빛으로"만 하도록 하십시오.)

내가 노출되었던 영역에 대해 표시하는 시간을 갖겠습니다.

· 이 양식지는 수양회가 끝날 때 각자 찢어버릴 것입니다.
· 내일 아침에 다른 과에 대해서도 표시합시다.
· 고백하는 것에 너무 부담감을 갖지 말고 고백하고 싶은 것만 합시다.

"어두움에서 빛으로" 의 내적 치유 점검표를 완전히 작성한 후 다음 슬라이드로 넘어가세요.

수양회가 끝날 때 이 양식지는 찢어버릴 것입니다.

(다음 과를 하기 전에 나머지에 대해서도 작성한다고 가르쳐 주십시오.)

하고 싶지 않은 고백을 할 필요는 없습니다. 당신이 받고 싶은 만큼의 사역만 해줄 것입니다. 가능한 많은 부분에 표시해서 최대의 혜택과 사역을 받도록합시다. 고백하고 싶지 않은 부분에 대해서 강제로 고백할 필요는 없습니다.

(이번 과의 뒷부분은 치유방식에 대해 다룹니다.

"어떻게 치유 사역을 받는가?" 입니다. 내적 치유점검표를 작성하고 바로 이 부분으로 넘어가십시오.)

(이 두 강의 사이에 휴식을 갖지 말도록 합시다.)

제2과(둘째 강의) 치유 받고 치유하는 사역

준비

· 사역은 짝으로 합니다(3명 이상의 그룹으로 하면 시간이 오래 걸리고 혼잡해집니다). 사역 짝은 미리 선정합니다. 같은 소그룹이나 셀원들이 함께 짝을 이루면 좋습니다. 비슷한 나이면 좋습니다.
· 치유 방식에 익숙한 사람이 가르치는 것이 좋습니다.
· 치유 방식을 모든 사람이 배우도록 모델을 보여 주십시오. 이것을 위해서 미리 지원자를 받아 두십시오. 모델을 보여 주는 시간을 줄이기 위해서 사교에 너무 노출되지 않은 사람을 선택하십시오. 지원자에게는 미리 내적 치유 점검표의 해당 부분을 하도록 하십시오. 사람들 앞에서 그 사람이 죄를 고백하게 하고 이 영역에서 조상들의 죄를 고백하게 하십시오. 그 다음 죄사함의 확신과 다른 과정들도 보여줍니다.
· 치유 방식이 학생용 교재 뒷표지에 나와 있으므로 너무 자세히 가르칠 필요는 없습니다.

목적 – 이번 과에서 사람들은

· 간단하고 직접적인 방법으로 자신들의 죄를 고백하게 됩니다.
· 다른 사람에게 사역하는 데 대한 기술과 확신을 얻게 됩니다.
· 다른 사람을 사역할 때 성령님의 시간과 지시에 민감하도록 가르침을 받습니다.

시작

· 둘째 강의는 가르치는 데 15분—치유 방식에 10분 간, 모델을 보여주는 데 5분 간 할애합니다.
· 서로 사역하게 합니다.

(제2과의 두 번째 강의입니다.)

이 강의에서는 내적 치유와 치유를 받고 다른 사람에게 사역하는 방법을 배웁니다.

치유받고 치유하는 사역

"이러므로 너희 죄를 서로 고하며 병 낫기를 위하여 서로 기도하라 의인의 간구는 역사하는 힘이 많으니라"

야고보서 5:16

(이 구절을 함께 읽고 다음 질문을 하십시오.)

치유를 받기 위해 이 구절에서 말씀하는 두 가지는 무엇입니까?

치유 받기

* 하나님은 야고보서 5:16에서 두 가지를 명령하십니다.
    · 서로 죄를 자백하라.
    · 서로를 위해 기도하라.
* 함께 다음과 같은 일을 합니다.
    · 서로 자백하기
    · 서로 기도해 주기
* 본 교재의 뒷표지에는 치유받는 방법에 대해 안내해 놓았습니다.
* 당신과 가까운 사람과 하십시오.

두 개의 확실한 명령이 있습니다.
    · 서로 자기 죄를 고백할 것
    · 서로를 위해 기도할 것

이것은 우리가 수양회 내내 하게 될 사역입니다. 간단한 방식으로 이것을 할 것입니다. 이 방식이 수양회 학생용 교재 뒷표지에 나와 있습니다.

사역 짝

* 가능하다면 두 명의 짝끼리 사역하게 될 것입니다.
* 가능하면 같은 셀 멤버나 같은 반 사람이 하십시오
* 요령은 간단합니다.
* 수양회 인도자들을 마음껏 사용하자!

당신에게 배정된 사역짝과 같이 하게 될 것입니다.

언제든지 도움이 필요하면 인도자가 도움 줄 준비가 되어 있습니다.

치유의 양태

* 당신이 치유받는 데 있어서 당신 편에서 할 일:
  · 하나님께 내어드리십시오.
  · 죄를 고백하십시오.
* 다른 사람들이 할 일: 기도
  · 용서를 확신하십시오.
  · 속박을 떨쳐버리십시오.
  · 압박감을 버리십시오.
  · 각종 형상을 깨뜨리십시오.
  · 하나님의 치유를 더욱 확장시키십시오.

(이번 강의의 개관입니다. 그냥 읽고 넘어갑시다.)

당신 편에서 할 일 – 내어드림

"그런즉 너희는 하나님께 순복할지어다 마귀를 대적하라 그리하면 너희를 피하리라 하나님을 가까이 하라 그리하면 너희를 가까이하시리라 죄인들아 손을 깨끗이 하라 두 마음을 품은 자들아 마음을 성결케 하라"   야고보서 4:7~8
· 때로 우리는 그룹 단위로 하나님께 내어드리는 기도를 할 것입니다.
· 그 때에 당신이 어떤 형태로든 뭔가 막힌다는 느낌이 들면, 그 영역에 이어서 기도를 하고 당신 자신을 주님께 내어드리십시오.
· 때로는 이렇게 하는 것 자체만으로도 즉각적인 영적 자유함을 얻게 됩니다.

자유와 치유를 얻는 첫 단계는 하나님께 순복하는 것입니다. 이것은 예수님의 주인되심과 명령에 당신의 삶의 영역을 내어드리는 것을 의미합니다. 이것이 구원받는 데 있어서 가장 중요한 것입니다! 무엇인가 걸리는 부분이 있다면 완전히 그리스도께 드릴 수 있도록 시간을 들여 해결하시기를 바랍니다.

당신 편에서 할 일 – 고백

* 고백이란 단순하고 솔직한 기도로써 당신의 죄를 인정하는 것입니다.
* 굳이 세세하게 고백할 필요는 없습니다
* 하나님께 애걸할 필요도 없습니다.
* 이번 과의 뒷부분에는 어떻게 그런 기도를 하면 되는지 안내가 되어 있습니다.
* 성령께서 고백할 죄들을 생각나게 해 주시도록 마음을 열어 놓으십시오
* 당신이 이미 고백한 영역이 있다면 지금 그 영역에서 치유가 일어나게 해달라고 기도하십시오.

우리가 배운 것처럼 고백이란 당신의 행동이 죄였고 잘못되었다는 것을 시인하는 것입니다.

(슬라이드의 내용 요점을 언급해 주십시오.)

우리는 당신이 이미 스스로 기도하고 용서를 구했던 것들을 다시 고백하기 원합니다. 그 이유는 당신 자신이 했던 것보다 더 철저하게 그것들을 다루는 기도를 할 것이기 때문입니다.

여기 간단한 기도의 예가 있습니다.

(다 같이 이 기도문을 읽습니다.)

단순한 고백 기도

1. 자신의 죄를 단순하게 고백하십시오.

"하나님 아버지,
제가 ____________한 일을
저의 죄로 인정하고 고백합니다.
그 죄를 회개하오니
저의 죄를 용서해 주옵소서"

다른 사람들을 통한/위한 사역

2. 하나님의 말씀에 의거하여 용서하심을 확신하십시오. (Assure)
   · 이 기도를 어떻게 하면 되는지는 이 책 뒷표지에 잘 적혀 있습니다.오. (Assure)
3. 다음과 관련해서 어떤 속박들이 있다면 그것을 끊으십시오. (Break)
   · 사람들
   · 장소들
   · 사건이나 사물들
   · 감정

다른 사람들을 통한/위한 사역

4. 내어 던지십시오. (Cast away)
   · 하나님의 때인지 아닌지를 잘 감지하십시오. (해당되는 사람에게 뭔가 느껴지는 것이 있는지를 물어보아도 좋습니다.)
   · 내적 치유함 점검표에 적혀 있는 영적 속박의 여러 영역들을 참고하십시오.
   · 이 부분에 대해 지나치게 마음을 쓰지는 마십시오.
5. 형상들을 제거하십시오. (Destroy images)
6. 회복시키시는 하나님의 사랑을 널리 확장시키십시오. (Extend God's healing love to restore)

1. 자신의 죄를 단순하게 고백하십시오.
2. A(용서의 확신)―(학생용 교재의 뒷표지에 있는 '치유 공식' 두 번째 글을 읽습니다.)
3. B(끊기)―사람이 죄를 지으면 속박이 생깁니다. 우리는 이 속박들을 끊기 원합니다. 죄와 관련된 사람과 사건 그리고 감정에 대한 속박을 잘라버립니다. 우리가 그 영역에 관련되어 있다면 그 사람과 조상간의 속박을 끊으십시오.

4. C(내어던짐)―(슬라이드의 해당 글을 읽어주십시오.)속박을 가져다 준 영역에 관련된 영의 이름을 부릅니다(예수님이 마가복음 9:25에서 하신 것처럼). 악한 영들은 나가기 주저하고 법적으로 대처하려 합니다. 그러므로 어디로 나가서 다시 들어오지 말라는 명령을 내리는 것이 도움이 됩니다. 경찰관처럼 단호하게 말하십시오.그러나 소리칠 필요는 없습니다. 모든 악한 영의 이름을 다 부를 필요는 없습니다. 그 사람이 죄를 자백

했을 때, 더 이상 머물러 있을 근거가 사라지는 것입니다. 이것은 마치 원하지 않는 세입자를 들여놓은 것과 같습니다. 전기와 물을 끊었을 때, 그들을 강제로 몰아낼 수 있지만 그들은 곧 나가버릴 것입니다.

5. D(제거하기)—이미지를 제거하십시오. 죄를 지을 때 자주 속박을 만드는 형상, 단어, 감정들이 생길 수 있습니다. (제시된 기도를 그룹에게 해주십시오.) 성경적 이미지(렘 23:29)로 이 속박을 제거하는 그리스도의 승리를 주장할 수 있습니다.

6. E(확장시키기)—회복시키시는 하나님의 사랑을 널리 확장시키십시오. 죄와 속박으로 깨어진 부분을 하나님의 사랑으로 채우는 기도를 하십시오.

(개략적으로 살펴봅니다.)

(가까운 영역에 있는 모든 죄를 고백하게 합니다. 그러면 치유방식을 따라서 사역짝이 사역해줍니다. 그 다음 서로 바꾸어 하게 합니다.)

주의사항

* 한 번에 한 사람씩만 하십시오.
* 한 사람이 먼저 자신의 죄를 고백합니다,
* 그런 다음에 다른 사람(들)이 앞에 적힌 치유 단계를 따라 그 사람에게 사역을 합니다.
* 첫째 사람의 사역이 완전히 끝나기 전에는 다음 사람으로 넘어가지 마십시오. (이 사람 저 사람에게 왔다갔다 하면 사역의 효과가 떨어집니다.)

이 사역을 원치 않는 사람이 있으면 어떻게 해야 합니까?

* 자신의 특정 부분에 대해 하나님 앞에 가져가거나 다른 사람들과 나누기를 원치 않는 사람이 있을 경우 그대로 인정해 주십시오.
* 속이거나 숨기기보다는 "나는 이 영역에서 아직 사역 받을 준비가 안 되었습니다"라고 솔직하게 말하는 것이 좋다.
* 모든 사람이 사역을 받을 수 있다는 것을 알려 주되 절대로 강요하지는 마십시오.

사역 예시

(슬라이드에 나와 있는 것처럼 고백하고 싶은 것만 하도록 강조하십시오. 이 과정에서 할 수 있는 한 모든 관련된 것을 주님께 가져오도록 격려하지만 그들이 편하게 느끼는 만큼만 하도록 하십시오.)

사역 예시:

· 방식

· 죄사함의 확신과 다음 과정들을 하기 위해 그 사람의 뒤나 옆에 서십시오.

· 어떻게 기도를 멈추고 성령님의 때의 지시를 깨닫는가?

· 기도받는 사람이 무엇을 느끼는지 물어보는 방법

(네 번째 단계를 행할 때 당신은 기도받는 사람에게 말하는 것이 아니라 악한 영에게 선포하는 것임을 강조하십시오.)

(질문을 간단히 받으십시오.)

잘못된 종교 혹은 사교와 연관되어 있는 영적 상태들

* 호기심
* 마술
* 잘못된 종교
* 속임수
* 조종
* 합리화

어떤 억누르는 영들이 있는것으로 느껴진다면 사역하는 상대방에게 그 영들의 이름을 부르며 쫓아낼 수 있습니다. 그들이 고백하는 죄와 성령님에 민감함으로 현재 억누르고 있는 영들을 분별할 수 있습니다. 사역할 때 도움이 필요하다면 학생용 교재에서 "어두움에서 빛으로"과에 나와있는 목록을 참고할 수 있습니다.

(다음 시간 전에 내적 치유 점검표를 작성하도록 요구하십시오. 그 점검표에 따라 사역시간에 기도하게 될 것입니다.)

제3과 속박에서 자유함으로

준비

- 이 강의 인도를 준비하는 동안 성령님께서 당신 자신의 삶을 살펴보실 수 있도록 초청하십시오. 내적 치유 점검표를 살펴본 후 당신이 주님께 가지고 나아가야 할 속박된 영역에 대해 기도하십시오. 필요하다면 수양회 리더 그룹에서 당신이 사역해야 할 누군가의 문제에 대해 기도할 수도 있습니다.
- 이 강의를 준비하고 가르치는 동안 하나님의 영이 기쁨으로 당신을 기름 부어 주시며 함께 임재하시도록 초청십시오.
- 수양회 일정이 여유있다면 이번 강의 동안에 짧은 간증을 포함시켜도 좋습니다. 간증은 5분 정도면 충분할 것입니다. 간증 내용은 죄에 대한 상세한 설명보다는 하나님의 구속과 치유의 능력에 대해 초점을 맞추도록 합니다.

목적 – 이번 과에서 사람들은

- 하나님이 자유를 주시고자 하는 영역에 대해 민감해질 것입니다.
- 하나님께서 그들에게 또 그들을 통해 역사하길 원하신다는 것을 믿게 됩니다.
- 치유방식(Healing Pattern)을 복습하고 그것을 활용해 지속적인 도움을 받을 수 있게 됩니다.

시작

- 이 강의는 수양회 둘째 날에 하는 것이 좋습니다. 만약 첫날로 일정이 잡혀 있다면 이 강의 전에 25~30분 정도 예배 시간을 갖도록 합니다.
- "속박에서 자유함으로"에 대해 10~15분 정도 설명합니다.
- 5분 정도 치유의 방식을 복습합니다.
- 이 과에 간증이 포함되어 있다면 5분 내로 하도록 합니다.
- 이후로 25~30분 정도 소요되는 개인 사역 시간을 갖도록 하기 위해서는 위의 지침에 따라 하는 것이 중요합니다.

속박에서 자유함으로

내적 치유 수양회
제3과

이번 강의에는 과거에서 현재까지 우리에게 영향을 미치고 있는 우리를 속박하는 모든 크고 작은 죄를 향해 그리스도께서 주신 자유를 선포하도록 합니다.

하나님 말씀

"육체의 일은 현저하니 곧 음행과 더러운 것과 호색과 우상 숭배와 술수와 원수를 맺는 것과 분쟁과 시기와 분냄과 당 짓는 것과 분리함과 이단과 투기와 술 취함과 방탕함과 또 그와 같은 것들이라 전에 너희에게 경계한 것같이 경계하노니 이런 일을 하는 자들은 하나님의 나라를 유업으로 받지 못할 것이요"
갈라디아서 5:19~21

* 순결에 대해 나중에 살펴봅시다.
* 이 과에서는 성령을 따르기보다는 육을 따르는 태도나 습관들을 하나님 앞으로 가져갑니다.

우리가 이번 시간에 하는 모든 것은 우리의 삶을 하나님께 가져가 하나님의 말씀 앞에 온전히 항복하는 것입니다. 우리는 우리 삶의 모든 속박을 끊고 하나님의 치유와 자유 안으로 한 걸음 들어가게 됩니다.

여기서 우리는 우리를 속박하는 육체의 행실(습관적인 죄와 중독)과의 관계를 끊기 원합니다.

육신의 삶을 끊는 것은 하나님께 항복하여 성령의 자유와 능력 가운데 걷는 삶을 말합니다.

하나님 말씀

"내가 이르노니 너희는 성령을 좇아 행하라 그리하면 육체의 욕심을 이루지 아니하리라"
갈라디아서 5:16

이번 과에서 우리가 다루게 될 내용들

* 파괴적인 태도들
* 파괴적인 습관들
* 우상 숭배
* 중독과 의존성

(이 슬라이드에 오래 머물러 설명할 필요는 없습니다. 이 페이지는 강의에 대한 중심 내용을 간단히 요약한 것입니다. 사람들은 전체 강의에 대한 개요를 이해할 때 훨씬 쉽게 들을 수 있기 때문입니다.)

파괴적인 태도들

* 시기심
* 자기 연민
* 사람을 기쁘게 하려는 마음 (다른 사람들을 기쁘게 하려는 열망이 당신의 행동을 조종하는 것)
* 부러워함
* 미움
* 용서치 않는 마음과 인색함
  · 나중에 더 살펴봅시다.
* 복수심

이 슬라이드에서 설명하는 모든 영역은 하나님의 말씀으로 볼 때 죄이며 자신과 다른 사람을 파괴할 수 있는 태도와 행동들입니다. 일단 여기에 나온 태도 중에 하나에 붙잡히게 되면 우리는 더 이상 하나님의 영이나 말씀에 따라 생활할 수가 없습니다.

· 사람을 기쁘게 하려는 마음: 사람을 기쁘게 하려는 마음은 하나님이 어떻게 생각하는가 보다는 다른 사람이 어떻게 생각하는가에 더 신경을 쓰는 것을 말합니다. 다른 사람의 감정을 존중해 주는 것도 중요하긴 하지만 그것에 지배를 받아서는 안 됩니다. 예수 그리스도 그분만이 우리의 태도, 말과 행동의 주인이 되십니다.

· 용서치 않는 마음: 나중에 더 살펴보도록 합시다.

내적 치유

파괴적인 태도들

* 분노
* 논쟁적인 태도
* 탐심 (다른 사람의 것을 가지고 싶어하는 마음)
* 욕심
  > …너희가 하나님과 재물을 겸하여 섬기지 못하느니라 마태복음 6:24
* 완벽주의
* 불신앙

· 분노: 분노란 갈등의 상황에서 우리 자신의 관점 또 다른 사람에 대한 우리의 행동에 지속적으로 증가하는 압박을 말합니다.

· 욕심: 욕심은 현대문화에서 가장 속박되기 쉬운 부분입니다. 좀더 많이 벌기 위해 그리스도인들도 종종 하나님과의 시간을 희생하거나 결혼생활과 가족과의 관계에서의 우선순위가 바뀌기도 합니다.

· 완벽주의: 완벽주의란 자기 자신이나 다른 사람에 대해 비현실적인 기대를 갖는 것을 말합니다.

· 불신: 불신은 여러 가지 양상으로 나타납니다. 때로는 하나님을 의지하여 그분의 길을 따르는 것보다 자신의 지혜나 능력, 노력을 의지하기도 합니다.

파괴적인 습관과 행동들

* 험담
* 상처 주는 말 (에베소서 4:29)
* 더러운 언어
* 저주
* 도둑질
* 거짓말
* 약속을 어기는 것
* 살인
* 죽기를 바라는 것 (다른 사람이든 자기 자신이든)

· 험담과 상처 주는 말: 당사자가 없을 때나 혹은 그 앞에서 말로써 그들을 끌어내리는 것을 말합니다. 에베소서 4장 29절에 보면 모든 나쁜 말은 죄입니다.

> 무릇 더러운 말은 너희 입밖에도 내지 말고 오직 덕을 세우는 데 소용되는 대로 선한 말을 하여 듣는 자들에게 은혜를 끼치게 하라
>
> 에베소서 4:29

당신이 그리스도의 자유를 원한다면 당신의 내적 치유 점검표 중 이 부분에 적합한 영역에서 이러한 일을 한 번이라도 행한 적이 있었는

지 체크해 보십시오, 우리는 우리 자신을 다른 사람이 아닌 하나님의 말씀으로 견주어 보아야 합니다. 올바른 질문은 내가 다른 사람보다 더 험담을 많이 하는가가 아니라 내가 험담으로 다른 사람을 낮춘 적이 있는가입니다.

· 거짓말: 각자 자신의 거짓말을 자백해야 할 것입니다.
· 죽기를 바라는 것: 누군가가 죽기를 바라는 것을 말합니다. 그 대상이 자기 자신일 수도 있습니다.

우상: 우상이란 우리가 신으로 삼아 자신의 만족을 기대하거나 자신의 삶을 지배하게 만드는 모든 것을 말합니다.

때때로 우리는 어떤 사람을 우상화하기도 합니다. 혹은 자신의 직업이나 과거가 우상이 될 수도 있습니다. 성경에서는 탐심을 우상으로 보기도 하는데, 이는 많은 사람들이 하나님보다 물질에 의해 지배 받기 때문입니다.

악이 우상이 될 수도 있지만 좋은 것이 우상이 될 수 있습니다. 하나님보다 다른 것을 숭배하면 결국에는 환멸을 느끼게 됩니다.

현재나 혹은 과거에 당신의 삶에서 우상으로 자리잡고 있는 사람이나 대상이 무엇인지 성령님께서 말씀해 수시도록 하십시오.

우상숭배

* 어떤 것에 대해 맹목적으로 혹은 과도하게 헌신하는 것입니다.
* 하나님 아닌 다른 것을 하나님 자리에 놓는 것입니다.
* 하나님보다는 그것을 통해 인생의 성취감과 의미를 찾는 것입니다.
* 우리는 사람, 지나간 세월 혹은 어떤 사물을 우상 숭배할 수 있습니다
* 당신의 자유도 점검표에 당신이 우상시 했던 것을 적어 보세요.

중독이나 의존하는 것들

* 음식을 탐하는 것
* 흡연
* 향정신성 약물들
* 술
* 도박
* 신용 카드
* 과도한 컴퓨터 사용
* 텔레비전
* 기타 ___________

만약 심각한 중독에 걸려 있다면...

* 오늘 당신은 그 영역에 대해서 기도하는 것 외에도 실제적인 행동을 취해야만 합니다.
* 계속적으로 책임있는 행동을 하도록 노력하십시오.
* 그런 속박을 가져오는 것들은 무엇이든지 없애버리십시오(쓰레기는 쓰레기통에!).
* 당신은 기꺼이 이렇게 하시겠습니까?
* 죄를 미워하고 당신을 유혹하는 상황을 피하십시오.
* 당신을 도와 줄 수 있는 그룹을 찾으십시오.

내적 치유 점검표에서 과거 혹은 현재에도 보여지는 문제들을 체크해 보도록 합니다.

우리는 삶의 모든 영역을 하나님께로 가지고 나아가 그분이 주시는 자유를 얻기 원합니다. 때때로 현재의 삶이나 관계성에까지 영향을 미치는 과거의 죄에 대한 기도도 필요합니다.

당신은 오늘 속박으로부터 풀려날 수 있습니다. 하지만 지속적으로 자유로운 삶을 누리기 위해서는 좀더 필요한 것이 있습니다.

· 지속적으로 당신을 책임감 있게 도와줄 사람을 찾길 원합니까?
· 당신을 속박하게 만드는 모든 쓰레기들을 기꺼이 제거하길 원합니까? 자유롭기 위해 어떤 대가도 치를 수 있습니까?
· 자유안에서 생활하기 위해 당신을 도와줄 그룹이 필요합니까?
· 도움이 더 필요하다면 오늘 당신의 사역 짝과 기도하십시오. 그리고 목사님이나 당신을 도와줄 수 있는 사람과 대화하십시오.

죄를 지었던 영역에 표시합시다.

사역 시간에 더 자세한 설명이 있겠습니다.

(몇 분의 시간을 주고 주님께 가지고 나아가길 원하는 영역이 있는지 표시하도록 합니다.)

치유의 과정 복습

* 당신의 치유를 위해 당신 편에서 할 일
  · 하나님께 내어드리십시오
  · 고백하십시오
* 다른 사람들이 할 일 − 기도
  · 용서를 확신하십시오.
  · 속박을 제해버리십시오.
  · 압박감을 버리십시오.
  · 형상을 없애버리십시오.
  · 하나님의 치유를 확장시키십시오.

(짧게 치유의 과정을 복습합니다.)

모두 명확히 이해되었습니까?

주의사항

* 한 번에 한 사람씩만 하십시오.
* 한 사람은 먼저 자신의 죄를 고백합니다,
* 그런 다음에 다른 사람(들)이 앞에 적힌 치유 단계를 따라 그 사람에게 사역을 합니다.
* 첫째 사람의 사역이 완전히 끝나기 전에는 다음 사람으로 넘어가지 마십시오. (이 사람 저 사람에게 왔다갔다 하면 사역의 효과가 떨어집니다.)

이 부분은 두 번째 강의에 대한 내용을 다시 정리한 것입니다. 한 사람씩 자신의 모든 죄를 고백합니다. 그 사람에 대한 사역이 끝난 후에 다른 사람의 차례로 넘어갑니다.

다른 사람의 죄나 상처, 문제를 듣게 되면 상담을 하고 싶어지게 됩니다. 하지만 상담하고자 하는 유혹에 빠지지 마십시오. 이 시간의 목적은 깨끗하게 함과 치유입니다. 상담을 하며 시간을 보내지 않도록 합니다.

치유의 방식에는 논리적 흐름이 있습니다. 판에 박힌 형식처럼 보이지만 효과가 있습니다. 의사나 비행사들도 판에 박힌 절차대로 일하지만 우리 모두가 그 혜택을 보는 이치와 같습니다.

성령님의 음성과 때를 주의깊게 감지하십시오. 어떤 영역에서 진행할 방법이 불분명할 경우에는 우선 멈추고 기도하십시오.

(현재 강의 시간이나 수양회 기간 어느 때든지 수양회 인도자 그룹이 도움을 줄 수 있음을 강조하십시오.)

간단한 간증

속박 받았던 영역

(이때 간단한 간증을 넣을 수 있습니다.)

하나님께 드리는 합심 기도

하나님 아버지, 저를 그리스도를 통해 거듭나게 하시고 "육체의 욕망을 따라 살아가지 않도록" 불러 주심을 감사 드립니다.

저는 이제 모든 파괴적인 습관과 행동과 태도들을 버리고 오직 하나님을 의지하기로 결단합니다. 이제 하나님의 말씀과 영께만 순종하며 살아가기로 결단합니다.

예수님께서 흘리신 보혈의 능력으로 이제는 제가 이 파괴적인 것들로부터 완전히 자유케 되었음을 주장합니다. 아멘.

모두 크게 소리를 내어 기도합니다.

습관적인 죄, 우상숭배, 그리고 중독 등과 관련된 영적 상태들

* 호기심
* 거짓 종교들
* 속임수
* 우상숭배
* 조종당하는 것
* 두려움

이 슬라이드는 영적인 억압상태에 빠질 수 있는 영역에 대한 설명입니다. 영적 권위를 받아 사역의 시간 동안 이러한 억압을 벗어 버릴 수 있도록 하십시오. 사람들이 고백하는 것을 통해 또 성령님의 인도를 듣는 것을 통해 분별할 수 있습니다.

(25~30분 정도의 시간을 주고 죄를 고백하도록 하며 서로 짝을 지어 수어 서로를 위해 사역하는 시간을 주십시오.)

제4과 부정함에서 정결함으로

준비

· 이 강의를 준비하는 동안 먼저 성령님께서 당신 자신의 삶을 살펴보실 수 있도록 초청하십시오. 내적 치유 점검표를 살펴보고 주님 앞에 가지고 나아가야 할 속박된 영역에 대해 기도하십시오. 필요하다면 수양회 인도 그룹 중의 누군가와 함께 사역이 필요한 부분에 대해 기도할 수 있습니다.

· 수양회 참석자들이 수양회를 준비하는 동안 성령님께서 그들에게 말씀하시도록, 그리고 그 음성을 들을 수 있도록 성령님께 의뢰하십시오.

· 만약 남녀가 함께한 수양회라면 남녀 따로 그룹을 나누어 진행하도록 합니다.

목적 – 이번 과에서 사람들은

· 육체적, 감정적, 정신적 그리고 모든 성적 순결함에 대한 하나님의 부르심을 깨닫게 됩니다.

· 하나님께서 자유롭게 해 주고 싶어하시는 속박된 영역을 인지하게 됩니다.

· 영혼의 결속의 중요성에 대해 인식하고 자유를 주시고자 하는 하나님의 간절함을 이해하게 됩니다.

시작

· "부정함에서 정결함으로"에 대해 15분 정도 설명합니다.

· 강의가 끝나면 30분 정도 사역의 시간을 갖습니다.

부정함에서 정결함으로

내적 치유 수양회
제 4 과

(제목 슬라이드)

부정함에서 정결함으로

이번 시간에는 성적 순결함에 대해 살펴봅시다. 하나님께서 우리를 온전히 깨끗하게 해 주시고 치유해 주셔서 정신적, 감정적, 육체적으로 정결하게 되도록 하십니다.

하나님의 선한 선물

* 우리의 성은 하나님께서 순결하고 거룩하게 보존하라고 주신 아름다운 선물입니다.
* 우리의 성은 하나님께서 우리를 만드신 부분 중에 강력한 한 부분이기 때문에 이 성은 종종 잘못된 길로 가기 쉽습니다.

성은 하나님에 의해 창조된 것으로서 아름답고 선한 것이지만 우리에 의해 잘못 사용될 수 있습니다.

아름다운 강물

* 우리의 성은 마치 아름다운 강물과도 같습니다.
* 강둑 안에서만 흐를 때는 멋지지만, 그 경계를 흘러넘치게 되면 모든 것을 파괴하는 홍수와도 같습니다.

(간단한 그림을 사용해 요점을 설명합니다.)

우리의 성은 아름다운 강물과 같아서 둑을 넘어 밖으로 흐르게 되면 파괴적인 힘을 갖게 됩니다.

마음과 정신의 순결

* 하나님은 우리의 몸과 마음과 정신을 정결케 하기 위해 우리를 부르셨습니다.

"너희는 스스로 깨끗케 하여 거룩할지어다 나는 너희 하나님 여호와니라" 레위기 20:7

"나는 비루한 것을 내 눈 앞에 두지 아니할 것이요 배도자들의 행위를 미워하니 이것이 내게 붙접지 아니하리이다" 시편 101:3

마음과 정신의 순결

"종말로 형제들아 무엇에든지 참되며 무엇에든지 경건하며 무엇에든지 옳으며 무엇에든지 정결하며 무엇에든지 사랑할 만하며 무엇에든지 칭찬할 만하며 무슨 덕이 있든지 무슨 기림이 있든지 이것들을 생각하라" 빌립보서 4:8

"너희는 내게 배우고 받고 본 바를 행하라 그리하면 평강의 하나님이 너희와 함께 계시리라" 빌립보서 4:9

· 정결함에는 평화가 있습니다!

하나님께서는 우리 삶의 모든 영역에서 온전히 거룩해지도록 부르셨습니다. 하나님께서는 단순히 우리의 행동의 정결함만을 보시지 않습니다. 하나님께서는 우리의 태도와 생각도 거룩해지기를 원하십니다.

(말씀 읽기)

우리의 정결함은 우리가 보는 글이나 영화, TV에서도 보호받아야 합니다. 이는 하나님의 말씀에도 분명히 나와 있습니다.

하나님이 우리를 얼마만큼 정결하게 하길 원하시냐구요? 전부 다입니다.

왜냐구요? 하나님이 우리를 사랑하시기 때문입니다. 하나님은 우리를 자유롭게 해 주시고 그분의 성품을 닮게 되길 원하십니다.

(말씀 읽기)

오늘날 많은 그리스도인들은 왜 그들의 삶과 가족에게 평안이 없을까 의아해 합니다. 하지만 그들은 오락이나 대중매체를 통해 그들의 마음과 가정 안으로 많은 악한 것들이 들어오도록 허용하고 있습니다.
우리가 우리의 마음을 보호하고 긍정적이고 순결하고 능력있는 것들에 집중할 때 하나님께서는 우리에게 평안을 약속하셨습니다.
당신은 아마도 친구들과 잘 사귀기 위해 "우리

동료나 친구들이 보는 영화나 TV 프로그램을 알아야만 해요"라고 말할지도 모릅니다. 이는 마치 의사가 환자를 "잘 치료하기 위해서는 나도 병에 걸려야만 해요."라고 하는 것과 같습니다. 이것은 자기 합리화에 불과합니다.

이것은 지옥으로부터의 속임입니다. 사실 에덴동산에서 사탄이 하와에게 했던 원래의 거짓말이 우리가 선과 악에 대한 지식을 가져야 한다고 말하는 것이었습니다.

하나님의 말씀은 분명합니다. 우리는 악으로부터 순결하고 정결해야 합니다.

우리가 사탄의 거짓말과 우리가 보고 읽는 것들이 주는 반쪽짜리 진리로 우리의 마음을 채운다면 사탄이 기뻐할 것입니다.

말씀은 분명합니다.

부정함에 대한 어떤 여지도 없습니다.

사탄의 거짓말

* 사탄은 우리가 "알건 알아야 한다"고 말합니다.

"형제들아 지혜에는 아이가 되지 말고 악에는 어린 아이가 되라 지혜에 장성한 사람이 되라"
고린도전서 14:20
"너희가 선한 데 지혜롭고 악한 데 미련하기를 원하노라"
로마서 16:19

* 우리는 종종 사탄의 거짓말을 믿고는 사탄의 파괴적인 힘이 우리의 마음에 들어오는 것을 허용합니다.

하나님의 말씀

"음행과 온갖 더러운 것과 탐욕은 너희 중에서 그 이름이라도 부르지 말라 이는 성도의 마땅한 바니라"
에베소서 5:3

영적인 얽매임

* 성적인 연합의 결과는 둘이 한 몸이 되는 것입니다(고린도전서 6:16).
* 이것은 결혼이라는 조건 안에서 선한 목적을 이루도록 의도 되었습니다.
* 결혼 관계 밖에서의 성관계는 속박을 초래하고 사악한 영향력에 문을 열어주는 격이 됩니다.

영혼의 속박의 끈 자르기

* 이 영역에서 영혼의 속박의 끈 (사람 혹은 사물과 관련해서)을 끊는 것은 중요합니다.
* 예수님은 우리가 모든 속박을 거부하고 끊고자 할 때 우리에게 완전한 자유를 주십니다.

하나님의 말씀

"평강의 하나님이 친히 너희로 온전히 거룩하게 하시고 또 너희 온 영과 혼과 몸이 우리 주 예수 그리스도 강림하실 때에 흠 없게 보전되기를 원하노라"
데살로니가전서 5:23

성경에서 볼 때 성적 결합으로 하나가 됩니다.

(결혼 안에서의) 영적 결속은 자유를 주고 서로를 사역할 수 있는 능력을 가지고 있습니다.

결혼 밖에서 일어난 부정한 성 관계로 비롯된 영혼의 결속은 사악한 힘의 출입구가 되어 영적 속박과 감정적 속박을 초래하게 됩니다.

만약 공개할 수 있는 것이라면 이름을 부르며 구체적으로 사람들의 속박을 끊도록 하면 좋습니다. 만약 아내와 혼전에 성 관계를 가졌다면 그것 또한 끊어져야 할 속박입니다.

(말씀 읽기)

완전한 자유는 그리스도께서 흘리신 피를 통해서만 가능합니다.

통속 연속극이나 쓰레기 같은 TV 프로그램을 시청한다면 그것도 기꺼이 회개하겠습니까?

만약 현재 어떤 포르노그래피나 섹스를 담고 있는 비디오 시청에 얽매여 있다면 그것도 기꺼이 내어 버리겠습니까?

인터넷 포르노그래피의 덫에 빠져 있다면 이러한 유혹을 피할 프로그램을 설치하겠습니까? 누군가 이러한 문제를 함께 나누고 당신을 책임있게 붙들어줄 사람이 필요합니까?

당신 삶의 이러한 영역에서 그리스도가 주시는 자유를 원합니까?

(이 수양회에 형제, 자매가 함께 참석하고 있다면 이 슬라이드와 다음 슬라이드는 슬라이드 숨기기를 사용하도록 합니다. 파워포인트 슬라이드 쇼 메뉴에 슬라이드 숨기기가 포함되어 있도록 합니다. 형제, 자매가 함께 하고 있는 수양회라면 이 부분을 검토하고 체크하기 전에 사역그룹을 나누어서 진행합니다. 자신의 배우자가 자신이 체크하고 있는 것을 볼지도 모른다는 의식없이 온전히 성령님의 음성에 귀를 기울이도록 하기 위해서입니다. 만약 형제나 자매만의 그룹으로 수양회를 진행하고 있다면 그냥 그대로 진행할 수 있습니다.)

지금 당신이 속한 영역에 대해 표시합시다. 

✓ 해당 란에 표시합시다.
✓ 당신과 부적절한 성적 관계를 가졌던 사람들의 이름을 자신만이 알아볼 수 있도록 갈겨 쓰십시오.
 - 이것은 예수님의 이름으로 그 사람과의 영혼의 속박의 끈을 끊어버리는 효과가 있습니다.

내적 치유

지금 당신이 속한 영역에 대해 표시합시다.

✓ 해당 란에 표시합시다.
✓ 당신과 부적절한 성적 관계를 가졌던 사람들의 이름을 갈겨 쓰십시오.
  · 이것은 예수님의 이름으로 그 사람과의 영혼의 속박의 끈을 끊어버리는 효과가 있습니다.

(자신의 목록 여백에 영혼의 속박을 갖게 하는 특정한 사람의 이름을 쓰도록 함으로써 구체적으로 이 끈을 끊을 수 있도록 합니다. 만약 상대의 이름을 기억할 수 없다면 기숙사 파티에서 만난 여자 혹은 나에게 성적 확대를 가한 이웃 등으로 쓸 수도 있습니다.)

성적 부정함과 관련되어 발생할 수 있는 영적 상태들

* 정욕
* 낮은 자존감
* 호색
* 변태
* 자기만족
* 호기심
* 잘못된 죄책감(성적 학대를 당한 경우)
* 합리화

(성적인 죄를 통해 사단이 흔히 속박할 수 있는 영역에 대한 설명입니다. 사역하는 동안 이러한 것들을 내던져 버릴 수 있도록 영적 권위를 발휘합니다.)

(이 부분에서 서로를 위해 사역할 수 있도록 30분의 시간을 주십시오. 전체 일정에서 늦어지고 있다면 이 시간을 조절해도 좋습니다.
사역을 위한 시간을 다음으로 남겨두는 것도 괜찮습니다. 다음 강의에서나 혹은 수양회 기간 중 어느 때든지 사역할 수 있습니다.)

제5과 상한 마음에서 온전한 마음으로

준비

이 과를 준비할 때 성령님께서 당신의 마음을 살펴 주시기를 간구하는 초청의 기도를 하십시오.
과거 혹은 현재의 관계들 중에서 아직도 품고 있는 어떤 원한이 있습니까?

목적 – 이번 과에서 사람들은

· 하나님께서는 우리가 모든 분노와 용서치 못함에서 놓이도록 부르셨음을 깨닫게 될 것입니다.

· 용서는 기도를 통해 이루어지며 의지의 행위임을 이해하게 됩니다.

· 교재에 나와 있는 용서 문구를 사용하여 기도 가운데 하나님께 나아감으로써 자신에게 상처 준
다른 사람들을 구체적으로 용서하게 됩니다.

시작

· 이번 과의 가르치는 분량은 짧고 요점에 맞게 간결해야 합니다. 10~15분 정도를 할애하십시오.

· 당신이나 다른 사람이 용서함에 관한 간증을 하게 되면 5분을 넘어서는 안 됩니다.

· 기도를 통해 다른 사람들을 어떻게 용서해야 하는지 명확히 설명해 줘야 합니다. 이번 사역 과
정에서 치유의 과정을 조금씩 다룰 것입니다. 사람들이 죄를 고백하는 것보다는 다른 사람들을
용서하는 것을 다루기 때문입니다.

(제목 슬라이드)

타락한 세상에서의 삶

· 구약 시대의 요셉과 같이 우리는 타락하고 정의롭지 못한 세상에서 살고 있습니다.
· 고통
· 버림받음
· 학대
· 조롱과 편견에 시달림
· 상처받고 다른 사람에게 상처주기 – 가족, 직장 동료들, 친구들, 그리고 배우자간에

우리가 받은 상처와 고통은 다음과 같은 결과를 초래합니다.

· 외로움
· 거부
· 원한
· 두려움
· 분노

예수님은 우리의 치유를 위해 상처 받으셨다.

"그가 찔림은 우리의 허물을 인함이요 그가 상함은 우리의 죄악을 인함이라 그가 징계를 받음으로 우리가 평화를 누리고 그가 채찍에 맞음으로 우리가 나음을 입었도다"

이사야 53:5

구약 시대의 요셉은 자신의 가족과 고용인 그리고 친구들에게 부당한 대우를 받았습니다. 요셉처럼 우리들은 모두 상처와 부당한 대우를 경험하며 살고 있습니다. 인생은 공평하지 않습니다.

우리는 고통과 버림 받음, 학대, 조롱과 편견에 언제든지 노출될 수 있습니다. 가까운 관계에 있는 사람들일수록 기쁨을 주기도 하지만 상처를 주기도 쉽습니다.

우리가 받은 상처는 다음과 같은 결과를 낳습니다.

· 외로움
· 거부
· 원한
· 두려움
· 분노

이런 것들이 우리의 성장과 기쁨을 가로막고 우리를 억누르는 것들입니다.

예수님께서 십자가에서 세상의 죄를 다 짊어지셨을 때 그분은 우리가 저지른 잘못뿐 아니라 우리에게 가해진 잘못들을 위해서도 돌아가신 것입니다.

성경에서 그분의 희생으로 인해 우리는 모두 분노와 원한으로부터 놓이고 평안과 치유를 누리게 된다고 말합니다.

그리스도께서 이루신 승리는 우리에게 다음과 같은 것들을 가져다 줍니다.

· 원한으로부터 놓임 받음
· 상처 대신 온전함
· "재 대신에 화관을"
· "슬픔 대신 기쁨을"
· "괴로운 마음 대신에 찬송을" (이사야 61:3)

우리 편에서 할 일

· 용서하십시오!
 – 용서한다는 것은 "놓아 준다" (release)는 의미입니다.
 – 용서는 의지적인 행동입니다.
 – 상처를 스스로 짊어지는 것입니다.
· 용서와 신뢰는 같은 것이 아닙니다.
 – 때로 신뢰는 처음부터 다시 세워나가야 하는 경우가 있으나 용서는 언제든지 할 수 있습니다.
· 우리는 우리 자신을 위해서 용서하는 것입니다.
· 하나님은 우리가 용서할 수 있도록 언제든지 도와주시려고 준비하고 계십니다.

그분은 우리에게 다음과 같은 위대한 변화를 가져다 주십니다.

· 원한에서 놓임
· 상처대신 온전함
· 재 대신 화관을
· 슬픔대신 기쁨을
· 절망대신 찬송을

그분은 당신에게 선택하도록 하십니다. 어떤 것을 선택하시겠습니까?

우리가 할 수 있는 것은 용서하는 것입니다. 우리에게 잘못하고 상처 입힌 사람을 놓아주고 그 상처를 스스로 짊어지는 것입니다.

· 용서하고 싶은 마음이 들지 않아도 됩니다. 용서는 의지의 행위입니다.
· 다른 누군가를 다시 신뢰할 수 있을 때까지 기다릴 필요가 없습니다. 우리에게 상처 입힌 사람을 신뢰하지는 못하더라도 용서를 할 수는 있습니다.
· 나 자신을 위해서 용서하는 것입니다. 원한은 서서히 스스로를 파멸시킵니다.
· 하나님께서는 언제든지 당신을 돕고자 하십니다. 당신이 정말로 그렇게 하고자 한다면 용서할 수 있는 마음을 주십니다. 기도 중에 구하기만 하면 됩니다.

(말씀 읽기)

용서치 않는 것은 선택사항이 아닙니다!

"서서 기도할 때에 아무에게나 혐의가 있거든 용서하라 그리하여야 하늘에 계신 너희 아버지도 너희 허물을 사하여 주시리라 하셨더라"

예수님의 말씀, 마가복음 11:25

"우리가 우리에게 죄 지은 모든 사람을 용서하오니 우리 죄도 사하여 주옵시고 우리를 시험에 들게 하지 마옵소서 하라" 누가복음 11:4

"서로 인자하게 하며 불쌍히 여기며 서로 용서하기를 하나님이 그리스도 안에서 너희를 용서하심과 같이 하라" 에베소서 4:32

"서서 기도할 때에 아무에게나 혐의가 있거든 용서하라 그리하여야 하늘에 계신 너희 아버지도 너희 허물을 사하여 주시리라 하셨더라"

마가복음 11:25

용서 연습하기

· 왼쪽 칸에는 당신이 용서해야 할 사람들의 이름을 적어 보십시오.
· 가운데 칸에는 그 사람이 당신에게 잘못한 일을 적어 보십시오.
· 오른쪽 칸에는 그 일에 대한 당신의 감정을 적어 보십시오.
· 몇 분 간 지금 이것을 하십시오. 그 다음 용서하는 방법에 대해 더 자세히 가르쳐 드리겠습니다.

다음 세 단계를 통해 어떻게 용서하기 연습이 진행되는지 또 무엇을 적어야 할지 설명하십시오.

이것을 하는데 몇 분 간의 시간을 갖도록 하십시오. 이 수양회 기간 동안 과거의 모든 사람을 용서할 수 있는 시간이 없음을 강조하십시오. 그러나 적어도 우리는 원한의 견고한 진들 중 주요한 몇 가지로부터 벗어날 수 있습니다.

용서 연습하기

· 도움이 된다면 당신이 기도하기 전에 앞에서 적은 내용들을 파트너와 함께 이야기하십시오.
· 기도: 하나님 아버지, 저는 (사람 이름)가 제게 한 일을 용서합니다. 이렇게 하고 나니 (이러이러한) 느낌이 듭니다.
· 이 용서의 기도를 하기 전 혹은 하고 난 후에 이 사람과 관련해서 당신이 범한 죄가 있다면 그것도 고백하십시오.

(그들의 사역 파트너에게 자신들이 용서의 기도를 하기 전에 어떻게 상처 받으며 살았는지 이야기 하는 것이 도움이 될 것임을 알려 주십시오.)

다른 사람들을 용서하기 위해서 이런 단순한 틀에 따라 하나님께 기도할 때 생각나는 것이 있으면 그것도 함께 기도하면 됩니다. 당신이 또한 관계성 속에서 죄를 지었다면 하나님께 죄를 자복하는 시간을 가지십시오. 용서치 않은 그 죄를 고백해야 할 필요가 있습니다.

용서 연습하기

· 앞에서 소개한 치유의 단계를 순서대로 밟으십시오.
· 지금은 당신에게 잘못한 사람들을 한 사람 한 사람 다 용서할 시간이 없습니다.
· 하나님께서 당신에게 생각나게 해주시는 대로 각 사람들을 용서하는 시간을 가지십시오.

파트너와 사역할 때 자신들의 죄를 고백하고 다른 사람들을 용서한 후에 치유의 양태 2단계부터 6단계까지의 과정을 밟습니다.

어느 시점에 도달하면 죄를 고백하고 용서하는 것을 멈출 수 있습니다. 며칠간 계속해서 마음 속에서 분노가 솟아 오르고 있다면 계속해서 용서하십시오.

간단한 간증

속박 받았던 영역에 대하여

용서를 통해서 치유된 경험을 간증하는 시간입니다.

상처받고 용서치 않는 마음 속에 자리잡을 수 있는 영적 상태들

· 원한
· 분노
· 복수심
· 거부
· 실패
· 외로움
· 낮은 자존감 혹은 열등감
· 결정을 내리지 못하는 태도
· 두려움
· 의심
· 반항심
· 정욕
· 변태

죄의 원인이 되는 것은 상처받고 용서치 않는 마음 속에 자리 잡는 영적 상태들입니다. 파트너와 사역하면서 그것들을 식별하고 제거해 버려야 합니다.

(이 슬라이드의 내용은 사람들이 자신의 사역 시간으로 옮겨 가면서 다른 사람을 용서하는 결단을 격려하는 이전 내용의 반복입니다.)

그의 죽으심과 부활하심으로 그리스도께서는 당신에게 온전하고 아름다우며 어떤 것으로도 비길 수 없는 기쁨을 주고자 하신다는 것을 기억하십시오.

(이번 강의가 오전 시간의 마지막 과정이면 점심 시간까지도 계속될 수 있음을 알리십시오.)

(사람들이 한꺼번에 점심식사를 하면 붐비므로 시간을 더 필요로 하는 사람들은 시간을 더 갖도록 하십시오.)

제6과 거역에서 순복으로

준비

1. 이번에 다룰 내용은 이해하기가 상대적으로 쉽고 수양회에서 후반부에 해당되므로 가르치는 부분이 짧습니다. 그렇지만 매우 중요한 부분입니다.
2. 하나님께 마음을 열고 이번 과를 준비하십시오. 당신이 보다 기쁘고 감사한 마음을 가질 수 있도록 하나님이 보시기에 당신에게 해결되어야 할 어떤 비판적이고 판단하는 태도가 있습니까?
3. 이 수양회 동안 하나님이 당신에게 있는 모든 형태의 거역을 드러내서서 이전에 맛보지 못했던 더 큰 자유와 기쁨을 누릴 수 있기를 기도하십시오.

목적 – 이번 과에서 사람들은

· 하나님이 거역을 어떻게 보시는지 깨닫게 됩니다.
· 불평, 오만과 부정적인 태도가 거역의 여러 모습들임을 알게 됩니다.
· 아직 다뤄지지 않은 영역에 대해 사역을 받게 됩니다.

시작

· 이번 과에서 가르칠 것을 빨리 끝내고 서로 나누고 사역하는 데 충분한 시간을 갖도록 하십시오. 가르치는 시간은 10분 정도가 좋습니다.
· 사역에 25분을 할애하십시오.

거역에서 순복으로

내적 치유 수양회
제 6 과

(제목 슬라이드)

이번 과에서는 "거역"에 대해 이야기를 하고자 합니다. 우리는 모두 하나님을 거역하며 살았습니다. 그분이 우리 인생에 주신 권위를 거역하며 살아왔습니다.

거역

권위나 이미 확립된 관습에 대항하는 모습
혹은 행동
(American Heritage Dictionary)

거역이란 무엇입니까?

그 정의는 다음과 같습니다

거역이란 권위나 이미 확립된 관습에 대해 대항하는 모습 혹은 행동을 말합니다.

하나님의 말씀

"이는 거역하는 것은 사술의 죄와 같고 완고한 것은 사신 우상에게 절하는 죄와 같음이라 왕이 여호와의 말씀을 버렸으므로 여호와께서도 왕을 버려 왕이 되지 못하게 하셨나이다"

사무엘상 15:23

* 거역은 모든 죄의 뿌리입니다. 즉 '난 만사를 내 맘대로 할테야!' 하는 태도이지요.

(말씀 읽기)

거역은 모든 죄들 배후에 숨겨진 죄의 뿌리입니다. 하나님의 길을 선택하지 않고 내 맘대로 선택하여 사는 것입니다. 스스로를 삶의 주인 자리에 올려 놓는 것을 말합니다.

거역

* 우리가 거역을 해도 되는 때는 오로지 권위에 대한 순복이 하나님께 대한 불순종일 경우에만 해당됩니다.
* 우리는 거역하는 세태, 거역하는 문화와 국가 속에서 살고 있습니다.
* 거역은 사탄의 공략과 거짓에 문을 열어주는 것입니다.

(슬라이드에서 보는 것과 같이)

· 우리가 거역을 해도 되는 때는 오로지 권위에 대한 순복이 하나님께 대한 불순종일 경우에만 해당됩니다.
· 우리는 거역하는 세태, 거역하는 문화와 국가 속에서 살고 있습니다.
· 거역은 사탄의 공략과 거짓에 문을 열어 주는 것입니다.

우리는 아래와 같은 것들을 거역합니다.

* 하나님
* 부모님
* 선생님
* 교회
* 정부 (세금, 법 등)
* 직장 상관
* 남편
* 기타 _________

하나님의 말씀

"인간이 세운 모든 제도를 주를 위하여 순복하되 혹은 위에 있는 왕이나"

베드로전서 2:13

"그리스도를 경외함으로 피차 복종하라"

에베소서 5:21

거역의 뿌리

* 거역의 뿌리는 종종 거역과 거부의 근원이 되기도 합니다.
* 우리는 상처입고 거부당했다고 느끼게 되면 그에 대한 반응으로 거역하게 됩니다.
* 당신이 순복하는 데 어려움을 느낀다면 당신은 순복 이전에 먼저 용서를 해야 할 일이 있을지도 모릅니다.

(슬라이드에서 보는 것과 같이)

슬라이드에 한 남자가 책상을 꽝 내리치는 그림이 담겨 있습니다.

여기 우리들이 대부분 거역하며 살아왔던 사람들이나 조직들의 예가 있습니다. 이런 권위에 거역하는 것은 대개 하나님께 거역하는 것과 같습니다.

(말씀 읽기)
하나님은 우리를 순복하도록 부르셨습니다.

우리가 상처받을 때 종종 거부당함을 느낍니다. 이런 기억이 우리로 하여금 거역하도록 만듭니다.
용서하지 않는 것이 거역의 근본 뿌리인 경우가 많은데 이번 과를 하기 전에 용서에 대해 다룰 것입니다.
이번 과를 하면서 아직도 원한을 품고 있는 사람들이 생각나면 잠깐 멈춰서 그들을 용서하십시오.

거역에는 여러 가지 형태가 있습니다.

* 불평:
"모든 일을 원망과 시비가 없이 하라 이는 너희가 흠이 없고 순전하여 어그러지고 거스리는 세대 가운데서 하나님의 흠 없는 자녀로 세상에서 그들 가운데 빛들로 나타내며"　　빌립보서 2:14~15

"너희의 원망은 우리를 향하여 함이 아니요 여호와를 향하여 함이로다"　모세의 말, 출애굽기 16:8

(말씀 읽기)

거역은 때때로 불평, 투정으로 나타나기도 합니다.

이 성경구절에 따르면 권위에 대해 부정적인 태도를 갖고 있다면 아마 하나님께 대해서도 거역하는 마음을 갖고 있을 것입니다.

거역의 여러 가지 형태

* 불평:(Continued)
"또 무엇을 하든지 말에나 일에나 다 주예수의 이름으로 하고 그를 힘입어 하나님 아버지께 감사하라"
　　골로새서 3:17

* 예수님은 우리에게 자유를 주십니다. 불평할 필요가 없습니다. 감사하며 기뻐하는 마음을 가집시다!

(말씀 읽기)

하나님은 우리가 자유케 되어 감사하고 긍정적인 태도를 갖게 되기를 원하십니다.

거역의 여러 가지 형태

* 다른 사람을 판단하는 것
* 자기 의
* 부정적인 태도
* 교만 혹은 오만함
* 인종차별주의 (이것은 사실상 공동적, 혹은 전 국가적인 오만함입니다.)
* 야만주의
* 폭력

이런 것들을 심각하게 생각할 필요는 없습니다. 이런 것들을 기록해 놓는 것은 사람들이 자신의 인생에 있는 거역과 오만의 영역에 어떤 것들이 있는지 알도록 돕고자 함입니다.

당신이 거역한 적이 있는 영역에 표시하세요.

또한...

사역을 받기 원하는 다른 영역이 있나요?

다섯 가지 영역에 들어있지 않지만 더 사역 받고 싶은 다른 죄들이나 영역을 이 양식지 밑에 써도 됩니다.

하나님께 순복하는 기도

하나님 아버지, 하나님께서는 "거역은 점을 치는 것과 마찬가지 죄이며 오만함은 우상숭배와 마찬가지 죄"라고 선언하셨습니다. 저는 태도나 행동으로 거역했습니다. 이제 저는 하나님께서 제 삶 속에 허락하신 권위자들에게 순복하기로 결단합니다. 이제 거역과 교만과 불평에서 돌이킵니다. 하나님, 제게 감사하는 마음, 순복하는 마음을 주시기를 간구합니다. 나의 주인되신 예수님의 이름으로 기노합니다. 아멘.

(다음 슬라이드로 넘어가기 전에 이번 과에서 다룬 것을 1~2분 생각할 시간을 갖도록 하십시오.)

당신에게 뭔가 사역이 필요한데 다뤄지지 않은 부분이 있습니까? 혹은 더 기도를 받기 위해 되돌아가고 싶은 영역이 있습니까?

또한 수양회 리더팀 중에 있는 사람들은 언제든지 당신이 더 깊은 사역을 받기 원하면 도울 수 있습니다.

이 기도문을 소리내어 함께 읽으며 기도합시다.

거역이나 오만함과 관련되어 나타나는 영적 상태들

* 거절
* 용서치 않는 마음 (이것이 주모자이기 쉽다)
* 거역
* 복수심
* 고집스러움
* 교만
* 자기연민
* 경쟁적인 태도
* 통제
* 미술을 행하는 것

이것들은 당신을 억압하고 있다고 느끼고 있는 것들일 것입니다. 당신이 어떤 속박을 분변하게 되면 어떤 억누르는 영에 대해서든지 제압하십시오.

(남은 스케줄을 점검하며 사역 시간의 양을 정확히 조절하십시오. 보통 사람들이 서로 함께 기도하도록 25분 정도를 주어야 합니다.)

제7과 저주에서 축복으로

준비

- 이 교재로 강의를 준비하는 동안 명확성 및 형평성을 위해 기도하십시오. 저주나 세대를 잇는 죄를 끊는 것이 필수적입니다. 그러나 이것이 지나치게 강조되어서는 안 됩니다.
- 이 시점에서 당신은 아마도 수양회에 익숙해졌을 것입니다. 그러나 수양회 참석자들은 지루해 할 수도 있다는 것을 명심하십시오. 재미있으면서도 핵심을 찌르는 강의가 되도록 하십시오.

목적 – 이번 과에서 사람들은

- 축복과 저주의 능력을 인식하게 될 것입니다.
- 자신을 저주한 사람들을 용서하고 오히려 그들을 축복하게 될 것입니다.
- 하나님께서 그들에게 보여 주신 모든 저주와 세대를 잇는 죄를 공포(公布)하고 거기서 떠날 것입니다.
- 치유와 축복의 기도를 받을 것입니다. (그러나 이 수양회의 마지막에 있을 축복 예배에서 더욱 은혜로운 시간을 가지게 됩니다.)

시작

- 이 강의의 시작시간과 스케줄을 확인합니다. 강의와 사역을 위해 필요한 시간을 조정합니다.
- 이 과에서는 보통 70~80분이 소요됩니다. 30분 정도 강의하고 45분 가량을 사역에 할애합니다.
- 사람들이 서로를 사역한 후 시간이 남으면 중요하다고 여겨지는 이전의 과를 복습할 수 있습니다.

<table>
<tr><td>

저주에서 축복으로

내적 치유 수양회
제 7 과

</td><td>

(제목 슬라이드)

이 강의에서 우리는 저주 및 세대를 잇는 죄를 살펴봅니다. 어떻게 이것들의 영향력을 파괴하고 우리 각자와 가족들에게 하나님께서 주시는

</td></tr>
</table>

축복의 능력

* 우리의 마음은 축복을 갈망합니다.
* 창세기 27장에 나오는 이삭, 야곱, 에서의 이야기는 축복의 능력이 무엇인지 그리고 축복이 지연될 때는 어떤 비극이 발생하는지를 잘 보여줍니다.

축복의 능력

* 우리는 모두 사랑과 인정 그리고 무조건적인 용납을 갈망합니다.
* 위와 같은 것들을 제대로 받지 못할 때 우리의 마음에는 공허함이 있습니다.
* 축복하는 입술, 저주하는 입술에는 능력이 있습니다(잠언 18:21).
* 오늘날 하나님의 축복은 그리스도를 통해 모든 이들에게 주어집니다(갈라디아 3:14).

축복의 완전성을 알려줄 수 있는지에 관해서 살펴봅니다.

축복에는 거대한 능력이 있습니다.

(창세기 27장 27~34절을 읽습니다. 그러나 전체 배경을 여기에 나오는 이야기와 연관시킬 만한 시간은 없을 것입니다.)

이 이야기에는 특별한 축복이 나옵니다. 또한 이 이야기는 우리가 부모나 주위의 가까운 사람들의 사랑과 용납을 갈망하는 모습도 보여 줍니다. (이 이야기가 다음 슬라이드에 있는 중요한 주제와 연결되도록 합니다.)

(각각의 주제를 강조합니다. 여기에 있는 두 개의 핵심 성경 구절을 읽는 데 시간을 할애합니다.)

(갈라디아서의 구절에 너무 많은 시간을 보내지 마십시오. 나중에 다시 이 구절로 돌아가서 좀더 강조할 수 있습니다.)

우리가 갈망하는 온전한 축복을 얻는데 우리 모두가 실패하였을지라도 주님 안에서 우리는 하나님께서 주시는 축복의 완전성을 얻고 경험할 수 있습니다.

| **생명을 주는 축복** |

생명을 주는 축복

* 의미있는 신체적 접촉
* 말로 하는 것
* 축복받는 사람의 가치를 높이 사는 것
* 그 사람에게 특별한 미래가 펼쳐질 것을 그림으로 그려 보는 것
* 그 축복이 실현될 수 있도록 적극적으로 헌신하는 것

생명을 주는 축복이란 무엇일까요? 『축복』 (*The Blessing*)이라는 책에서 개리 스몰리(Gary Smalley)와 존 트렌트(John Trent)는 성경에 나오는 축복의 다섯 가지 요소를 다음과 같이 요약했습니다.

· 예수님께서는 어린아이들에게 손을 얹으시고 축복하셨습니다. 부모님들은 아이들과의 신체적 접촉을 통해 사랑과 용납을 표현합니다.

· 말로 축복과 저주가 분명하게 표현됩니다.

· 시간, 신체적 접촉, 말을 통해 가치가 표현됩니다.

· 특별한 미래: 축복은 자신감 및 믿음의 표현과 관계가 있습니다.

· 우리와 가까운 사람들로부터의 축복이 실현되기 위해서는 적극적인 헌신이 필요합니다.

저주란 무엇입니까?

* 다른 사람 혹은 우리가 내뱉는 정죄의 말 혹은 깎아내리는 말
* 사랑, 신체적 접촉 혹은 헌신을 보류하는 것
* 죄로 생겨난 영적 속박 (출애굽기 20:5)
* 맹세로 선언한 속박과 그 결과

저주란 무엇입니까?

· 저주하는 말: 현대인들은 공식적인 저주의 단어('하나님 맙소사'(God damn)를 제외하고)를 사용하지는 않지만 정죄의 말 역시 다른 사람이나 우리 자신에게 영향을 미치는 저주의 일종이라고 할 수 있습니다.

· 아마도 대부분의 우리는 우리가 갈망하는 사랑이나 무조건적 사랑을 얻는 데 실패한 경험이 있을 것입니다.

· 한 세대의 죄는 죄의 속박을 통해 다음세대로 전해집니다.

· 우리가 스스로 한 맹세들이 우리에게 저주를 불러올 수 있습니다.

저주에서 축복으로

* 성경은 우리에게, 우리를 저주하는 사람을 축복함으로써, 저주의 흐름을 역전시키라고 말씀하십니다. (누가복음 6:27~28, 로마서 12:14, 21, 베드로전서 3:9)
* 우리 스스로가 혹은 다른 사람들이 우리에게 퍼부은 모든 저주들을 예수님은 십자가에서 대신 담당하셨습니다. (갈라디아서 3:13~14, 이사야 53:3~6, 고린도후서 5:21)

자유함을 얻으려면

* 점검표에서 "저주에서 축복으로" 부분을 충분히 공부하십시오. 그리고 그 내용을 당신의 사역 파트너와 토론하십시오.
* 당신의 죄 혹은 조상의 죄를 모두 고백하십시오.
* (성경의 인물들 중에는 속박을 깨고 축복이 일어나게 하기 위해 조상의 죄를 고백한 경우가 종종 있습니다. 예를 들면 예레미야 14:20, 다니엘 9:8 그리고 느헤미야 1:6을 보십시오.)

주님 안에서 우리는 저주의 흐름을 역전시켜 축복으로 바꿀 수 있습니다!

· 우리는 저주하는 대신 축복함으로써 흐름을 역전시킵니다.(이 성경 구절들을 읽으십시오.)

· 예수님께서는 자격이 있는 자나 없는 자나 상관없이 우리에게 내려진 모든 저주를 대신 담당하셨습니다! (주님께서 이루신 변화와 우리에게 이것을 제공하고 계신다는 것을 강조하면서 이 성경 구절들을 읽으십시오.)

사람들이 내적 치유 점검표에서 "저주에서 축복으로" 부분을 공부하게 하십시오. 이때 특정 부분들을 설명합니다.

· 첫째 장에서는 세대를 잇는 죄가 있을만한 영역을 점검합니다.

· 저주: 당신에게 영향을 미칠만한 저주의 말들을 한 적이 있다면 어떤 것이었는지 살펴봅니다.

· 당시에는 깨닫지 못하더라도 스스로 한 맹세는 영향력이 큽니다. 어떤 경우에는 맹세로 협정이 맺어지기도 하고 비밀 사회에 연관되기도 합니다.

· 정죄의 말: 이 장에서는 우리가 들은 정죄의 말 또는 우리가 다른 사람들에게 한 정죄의 말을 살펴봅니다.

· 축복: 부모님이나 다른 중요한 사람에게서 용납 받아 본 적이 있습니까? 다른 사람들을 축복한 적이 있습니까?

자유함을 얻으려면

* 당신에게 상처를 준 사람, 당신을 저주한 사람 혹은 당신이 기도하고 있는 영역에 대해 당신을 낙심케 한 사람들을 구체적으로 용서하십시오.
* 당신을 향한 모든 저주들을 거부하십시오. 아래에 적힌 기도문을 따라 기도하거나 아니면 그와 비슷한 내용으로 기도해도 좋습니다.

저주를 끊는 기도

하나님 아버지, 나와 내 가족들을 향한 모든 저주들을 예수님께서 십자가에서 대신 지셨음을 믿습니다. 이제 제 인생에서 내렸던 모든 저주들을 다 끊어주시기를 간구합니다. 또한 이 모든 저주들이 제 가족들에게서도 끊어져 나갔음을 선포합니다. 예수님의 이름으로 다음과 같은 구체적인 저주를 끊습니다. ＿＿＿＿＿＿＿
믿음으로 하나님께서 저의 모든 저주를 끊으셨음을 받아들이고 감사드립니다.

다음 단계는 당신 자신의 죄나 당신 가족의 죄를 고백하는 것입니다.

고백으로 하나님께 죄를 올려드립니다.

만약 누군가가 어떤 행위로 혹은 마땅히 해야 할 의무를 이행하지 않아 우리에게 상저를 주었다면 우리는 그들을 용서해야 합니다.
그리고 나서야 우리는 기도로 저주를 깨뜨릴 수 있습니다.

다른 사람에게 사역하기

* 다른 사람을 용서하거나 죄를 고백하게 만들고 어떤 저주도 그치도록 할 것.

· 그 사람과 관련된 사람들, 조직들 그리고 과거의 경험들이 주는 모든 속박을 끊어 버리십시오.
· 모든 영적인 압박감을 예수님의 이름으로 던져버리십시오.
· 모든 말과 형상들을 제해 버리십시오.
· 기도를 통해 하나님의 치유의 능력을 확장시키십시오. 어떤 말이나 진리, 성경 구절 등이 마음에 떠오르면 그것을 표현함으로써 사역하십시오.

(사람들에게 이 기도가 익숙해지도록 함께 큰 소리로 읽으십시오. 이것은 단지 하나의 예일 뿐입니다. 그러나 이 기도문을 그대로 사용하셔도 좋습니다.)

(어떤 이가 죄를 이미 고백했다면 용서 받았음을 확인시켜 주십시오. 그리고 치유의 단계로 넘어갑니다.)

(이 장에서는 특히 말을 제하는 것이 중요합니다. 어떤 이에게 특정한 말을 했다면 제하십시오.)

그리고 구체적으로 저주나 나쁜 말 속에 있는 거짓말에 관련하여 치유의 기도를 드립니다. 하나님께서 우리에게 성경 말씀을 생각나게 하십니다. 예를 들어 어떤 이가 버려짐을 당했다면 시편 27편 10절에 나타난 진리를 이야기 할 수 있습니다. 만약 어떤 이가 바보라고 비난 받았다면 고린도전서 2장 16절을 사용할 수 있습니다.

당신의 파트너를 축복하고 치유하는 기도를 드리는 동안 성령께서 당신을 인도하도록 간구하십시오.

제8과 승리하는 삶

준비

· 지금쯤 사람들은 신선한 충격을 받았으나 한편으로는 긴 시간의 사역으로 피곤할 것입니다. 이번 과는 나눔과 기도가 딸려 있는 세 개의 소강좌로 이루어져 있어 강의를 원활하게 만듭니다.

· 이번 과를 진행하기 전에, 세 개의 적용 치침을 스스로 실행해 보십시오.

· 남녀 혼성 수양회라면 지금은 두 그룹으로 따로 서로 나누어 진행하십시오.

목적 – 이번 과에서 사람들은

· 그리스도 안에서 승리의 삶을 살 수 있다고 격려 받게 됩니다.

· 악을 미워하고 하나님을 따르기로 결단합니다.

· 매일의 순종을 통해 하나님께 순복하고 하나님과 교제하기로 결정합니다.

· 끊어야할 특정한 대상이나 피해야할 유혹들을 분별합니다.

시작

· 수양회 마지막 부분입니다. 시작했던 시간을 체크하고 전체 스케줄을 조정하십시오.

· 이번 과에 50~60분 정도의 시간이 필요합니다. 세 부분은 5분의 강의, 5분의 서로 대화, 5분의 짝 기도로 배분하십시오.

· 서로 대화하는 시간은 일어서서 진행합니다. 이렇게 하는 것이 서로 이야기 하고 기도 할 때 집중 할 수 있게 합니다.

(제목 슬라이드)

승리하는 삶

내적 치유 수양회
제 8 과

승리하는 삶

그리스도안에서 자유와 승리를 계속적으로 누리는 방법

이번 강의에서는 주님으로부터 얻은 승리와 자유를 누리는 방법을 배웁니다.

예수님께서 말씀하셨습니다

고침받은 중풍병자에게 "보라 네가 나았으니 더 심한 것이 생기지 않게 다시는 죄를 범치 말라"

(요한복음 5:14)

간음하다 현장에서 붙잡힌 여인에게 "나도 너를 정죄하지 아니하노니 가서 다시는 죄를 범치말라"

(요한복음 8:11)

(말씀 읽기)

예수님의 치유를 경험할 때 예수님은 새로운 차원의 승리와 자유를 주십니다.

승리하는 삶

* 한 번 자유로워지는 것은 쉽습니다.
* 계속 자유를 유지하는 것은 훨씬 어렵습니다!
* 그러나 하나님의 말씀은 우리가 자유함 속에서 살아갈 수 있도록 힘있는 원칙들을 제공해 줍니다.

자유로운 상태에 계속 머무는 것이 자유로워지는 것보다 더 어렵습니다!

하나님의 말씀은 우리가 자유할 수 있게 만드는 능력이 있습니다.

하나님이 말씀하시길

"간음하는 여자들이여 세상과 벗 된 것이 하나님의 원수임을 알지 못하느뇨 그런즉 누구든지 세상과 벗이 되고자 하는 자는 스스로 하나님과 원수 되게 하는 것이니라 … 그런즉 너희는 하나님께 순복할지어다 마귀를 대적하라 그리하면 너희를 피하리라 하나님을 가까이하라 그리하면 너희를 가까이하시리라 죄인들아 손을 깨끗이 하라 두 마음을 품은 자들아 마음을 성결케 하라"

야고보서 4:4, 7~8

(말씀 읽기)

여기에는 당신이 승리를 누리며 자유할 수 있는 세 가지 진리가 들어 있습니다.

첫째로, 당신을 미워하는 당신의 원수가 있다는 것을 인식하십시오!

* 사탄은 당신의 기쁨을 도둑질해 가고, 당신의 삶을 파괴하며 당신이 사람들과 맺고 있는 관계들과 당신이 사랑하는 사람들을 해치고 싶어합니다!

"도적이 오는 것은 도적질하고 죽이고 멸망시키려는 것 뿐이요 내가 온 것은 양으로 생명을 얻게 하고 더 풍성히 얻게 하려 하려는 것이라"

요한복음 10:10

첫째, 사탄은 당신을 도적질하고 인생을 파괴하고 사랑하는 사람과의 관계를 파괴합니다.

이 사실은 당신에게 분명한 선택을 요구합니다.

당신의 선택...

"여호와를 경외하는 것은 악을 미워하는 것이라"

잠언 8:13

"너희는 악을 미워하고 선을 사랑하며"

아모스 5:15

"악을 미워하고 선에 속하라"

로마서 12:9

* 악한 것들 (탐욕, 정욕, 원한 등등)을 미워하는 마음을 개발하십시오. 사탄은 이런 것들을 통해서 당신과 당신이 사랑하는 사람들을 파괴하기 때문입니다!

(말씀 읽기)

승리를 누리려면 우리는 악을 미워하기로 결단해야 합니다. 사탄이 우리를 파괴시키려고 노리는 것들을 우리가 사랑한다면 어떻게 승리를 누릴 수 있겠습니까?

하나님의 말씀은 우리가 둘 다 가지려고 할 때 간음하는 것 — 하나님을 섬기며 또한 세상을 향하는 것 — 이라고 하십니다.

하나님을 사랑한다는 것은 하나님께 순종하지 못하게 잡아끄는 모든 것을 미워한다는 것입니다.

하나님은 양다리 걸치고 충성하거나 두 마음을 품지 말고 전심으로 하나님을 섬기라고 부르십니다!

(이 질문에 관련된 내용을 가지고 당신의 사역 짝과 서서 나누고 기도하게 하십시오(5분 간)). (어떤 짝들은 끝났고 어떤 짝들은 기도하고 있으면 기도하는 중에 멈추게 할 수는 없습니다. 좋은 방법은 인도자가 목청을 높여서 이 과에 관련된 내용으로 전체 그룹 기도를 인도하는 것입니다.)
두 마음을 가진 것을 인정하고 악을 미워하고 회개하는 심령을 달라고 하나님께 구하겠습니다.

둘째로, 하나님께 순복하십시오!

* 당신은 그리스도께서 당신 삶의 모든 영역을 다스리시기를 원한다고 결단한 적이 있습니까(당신의 재정, 가족, 직장, 생각과 행동 모든 면에 있어서)? 그런 적이 없다면, 오늘 그렇게 결단하십시오!
* 주님, 저는 제 삶의 모든 영역과 모든 결정들에 있어서 당신께 순종하기로 결단합니다.

매일매일 하나님을 누리십시오.

* 조용한 시간과 장소를 찾으십시오.
* 일정한 시간을 꾸준히 할애하십시오.
* 그 시간에는 당신이 하고 싶은 것들을 하십시오.(성경 읽기, 기도, 일기 쓰기, 예배 등).
* 그냥 하나님의 음성을 듣기만 하는 시간을 꼭 포함시키십시오.

이것을 행하기가 쉽지 않다면...

* 이 문제를 놓고 기도하십시오.
* 시간 할애가 왜 어려운지 점검해 보십시오.
  · 장애물이 되는 것은 무엇입니까?
  · 걸림돌이 무엇인지 찾아보고 그 문제를 하나님께 아뢰십시오.
* 당신이 하나님을 만나는 시간을 확보할 수 있도록 도와줄 수 있는 가까운 사람에게 이 문제를 의논하십시오.

둘째로 야고보가 우리에게 요구하는 것은 하나님께 순복하는 것입니다. 우리가 먼저 악을 미워하고 하나님께 순복하기로 결정하지 않는 한 마귀를 대적하는 것은 아무런 효과가 없습니다. 당신의 삶의 모든 영역에서 그리스도께 항복하기로 결정하였습니까? 오늘 기도하며 이 모든 것을 할 수 있습니다(처음으로 또는 우리의 서원을 갱신함으로).

하나님께 순복하는 것은 매일 그리고 계속되어야 합니다.

하나님과 만나고 그분의 음성을 듣는 것에 매일 시간을 떼어 놓기를 권합니다.

· 충분한 시간을 할애하십시오(각자 느끼기에).
· 친한 친구와 함께하듯이 이 시간을 즐기십시오. 율법주의는 피해야 합니다.
· 하나님 앞에서 침묵하고 듣는 시간을 포함시키십시오.

하나님과 시간을 보내는 것이 힘들다면

· 그것을 놓고 기도하십시오. 하나님이 도와주실 것입니다!
· 이것을 하지 못하게 하는 장애물들이나 견고한 진들을 규명하십시오(예로 너무 바쁘다면 이 사실 뒤에 숨어 있는 견고한 진이 있을 것입니다. 물질주의나 사람을 기쁘게 하려는 욕구 등입니다. 이것을 분별해 내고 뿌리가 되는 문제를 다루어야 합니다).
· 당신과 함께 기도해 주고 도와줄 수 있는 배

우자나 친한 친구와 이야기해서 계획을 다시 세우십시오.

일어나서 질문에 답하고 사역 짝과 기도하십시오.

주님께 항복하는 기도를 하십시오. 하나님과 함께 시간을 보내고자 하는 열망을 달라고 간구하십시오.

(또 목청을 높여 그룹 기도회를 인도하며 기도 시간을 마치십시오.)

세 번째로 야고보가 우리에게 원하는 것은 마귀를 대적하는 것입니다.
· 기도를 통해 하나님의 보호와 축복을 받으십시오.
· 우리 집에 그분의 평강과 진리가 충만하도록 기도하십시오.
· 예수님은 우리가 유혹에 빠지지 않도록 기도하라고 하셨습니다.

성경은 우리에게 하나님의 전신갑주를 입으라고 명합니다. 우리가 매일 기도로 이것을 입어야 합니다.
· 우리 마음을 지키는 구원의 투구를 씁니다.
· 우리의 마음을 방어하는 의의 흉배를 입어야 합니다.
· 진리의 띠를 두릅니다.
· 하나님의 평강과 믿음과 말씀으로 무장합니다.

당신이 해야 할 일

* 당신과 그리스도와의 관계를 앞으로 전진시키기 위해 지금 당신이 해야 할 일은 무엇일까요?
* 그렇게 하는 데 있어서 방해가 되는 장애물은 무엇인가요?

* 일어나서 이 질문에 답하고 당신의 기도짝과 기도하세요!

셋째로, 악마를 대적하십시오!

* 기도를 통해 하나님의 보호하심과 축복을 받으십시오.
* 하나님의 평화와 진리가 당신의 가정을 가득 채우도록 기도하십시오. (누가복음 10:5, 요한복음 16:13)
* 하나님께서 당신을 유혹에서 건져 주시기를 기도하십시오. (마태복음 6:11, 누가복음 22:40)

악마를 대적하십시오!

* 하나님의 전신갑주를 매일 입으십시오. (에베소서 6:14~18)
  · 구원의 투구
  · 의의 흉배
  · 진리의 허리띠
  · 발에는 평안의 복음
  · 믿음의 방패와 성령의 검

악마를 대적하십시오!

* 당신이 소유하고 있는 경건치 못한 것들은 모두 다 제해 버리십시오.
  · 다른 사람 것이어서 당신이 버릴 수 없는 것이 있다면, 그것을 통해 악마의 능력이 작용하지 못하도록 그리스도의 보혈로 봉해 버리십시오.

사탄을 대적하는 방법은 경건치 못한 영향들을 제거하는 것입니다. 당신이 집에 돌아가면 없애 버려할 책, 비디오, 기타 다른 물건이 있습니까?

배우자나 부모님 것이라 손댈 수 없는 경건치 못한 물건들은 그리스도의 보혈로 막아서 사탄의 영향력을 제한하십시오.

유혹을 피하십시오

* 하나님은 우리를 강한 자로 부르신 것이 아니라 지혜로운 자로 부르셨습니다.
  · 예수님께서는 유혹 그 자체로부터 구해달라고 기도하라고 말씀하십니다(마태복음 6:11, 누가복음 22:40).
  · 예수님께서는 우리가 아주 쉽게 함정에 빠진다고 생각하시는 것 같습니다!

하나님은 유혹을 피하라고 말씀하십니다.

우리는 강하기보다는 현명해지라는 말씀을 자주 듣습니다. 당신의 힘으로 유혹을 이기려 하기보다는 단순히 피하십시오.

그것을 극복하기 위한 능력을 달라고 기도하지 마십시오. 먼저 그것을 피할 수 있게 해달라고 기도하십시오.

유혹을 피하십시오

* 어떤 상황과 관계를 피해야 할까요?
* 지금 당신의 인생에서 어떤 유혹을 가장 받기 쉬운가요?
* 이런 유혹들을 최소화하거나 제거할 다른 예방조치는 없을까요?
* 원수의 전략이 언제든지 도사리고 있다는 것을 예상하고 그것을 잘라 버리십시오!

피해야 할 사람이나 상황이 있습니까?

사탄은 어떻게 당신이 이 부분에서 걸려 넘어지게 합니까?

예방조치는 없을까요? (예를 들면 자신의 컴퓨터에 인터넷 포르노 차단 소프트웨어 설치 등)

우리는 다음의 능력있는 원리들을 따름으로써 승리를 누릴 수 있습니다.

1. 죄악과 악한 것들을 미워합니다.
2. 하나님께 순복하십시오. 전적으로 그리고 매일.
3. 마귀를 대적하십시오.
  · 하나님의 보호를 받도록 합시다.
  · 유혹을 피합니다.
  · 하나님의 말씀으로 무장합니다.

우리가 이렇게만 하면 마귀는 우리로부터 줄행랑을 칠 것입니다!

(일어나서 서로 질문에 답하고 기도하게 하십시오.)

하나님께 "유혹으로부터 멀리하고 악으로부터 구원받게 해주십시오!' 라고 구하십시오. 그리스도 안에서 완전한 승리를 주신 것에 대해 감사하십시오.

(목청을 높여 전체 기도로 마치십시오.)

내적 치유 수양회
ENCOUNTER GOD

(수양회 진행을 위한 가이드)

제1과 내적 치유 수양회의 역사

내가 가르치는 동안에 앞자리에 앉아 있던 자매의 몸이 흔들리기 시작했습니다. 그녀의 몸은 경직되어 있었고 악령이 역사하는 것이 분명했습니다. 지구 반대편에서 사역하고 있는 젊은 선교사로서 나는 남아공 움타타의 속사 사람들을 섬기고 있었습니다. 그때에는 아프리카 그리스도인들에게 어떻게 가르쳐야 될지도 몰랐었고 사탄의 방해가 심하였습니다. 그래서 그때는 사탄이 이겼습니다. 이 경험이 제가 악한 영과 처음 대적한 때였습니다.

4년이 지난 후에는 미숙하기만 했던 선교 사역을 뒤로 하고 미국 중서부에서 조그만 시골 교회를 섬기는 미숙한 목사로 사역하게 되었습니다. 어느 날 저녁 늦게 우리 부부는 교회에서 식사를 하면서 한 젊은 부부와 상담을 하고 있었는데, 그들의 결혼 생활은 금전적인 여유가 없어서 힘들었습니다. 저는 그들과 기도를 하였습니다. 그런데 아내 쪽에서 말하기를 "악한 것이 보여요. 어둠의 세력이 저희들에게 몰려와요." 도대체 어찌해야 할 바를 알지 못했지만 기도해야 한다는 생각이 번쩍 들었습니다. 우리가 하나님을 의뢰하자 성령님께서 한 걸음 한 걸음 인도하셨습니다. 이번에는 승리를 맛보았습니다. 그 젊은 자매는 하나님의 영이 임재하는 것을 새롭고 경이로운 방법으로 경험하고 회복되었습니다.

위의 두 가지의 경험들은 아프리카에서뿐만 아니라 미국의 조그만 시골 교회에서도 사탄이 실제로 역사하고 있다는 사실을 나에게 가르쳐 주었습니다. 아프리카에서는 사탄의 역사가 공공연하게 일어납니다. 미국에서도 사탄은 공공연하게 역사합니다. 그런데 그들의 목적은 동일합니다. 곧 사람들의 삶과 결혼한 부부들과 교회들을 피폐하게 만드는 것입니다.

제가 성경학교나 신학교를 다닐 때에는 그런 일들에 어떻게 대처해야 하는지를 배우지 못했습니다. 또한 저는 오순절 계통의 교회에서 많은 영적인 경험을 했었지만 영적 전쟁에 대해서는 전혀 몰랐고 체험도 물론 없었습니다. 또한 다른 사람들을 어떻게 치료해야 하는지 배우지도, 경험하지도 못했습니다.

우리 부부는 다른 사람들을 치유하고 자유케 하는 과정을 배우기 위해 여러 훈련을 거쳐야 했습니다. 훈련을 통해 금식하는 법과 기도하는 법을 배우게 되었고 내 삶과 인생의 모든 영역에서 그리스도께 더 깊이 헌신하게 되었습니다. 그리하여 그 전에는 생각하지도 못했던 과거의 일들을 하나님 앞으로 가져와 죄를 고백하고 회개하게 되었습니다.

이러한 과정에서 특별한 경험을 한 것은 아니지만, 그로 인해 내 인생이 완전히 변화되었음을 깨닫게 되었습니다. 첫 번째, 그 전에는 불가능한 것처럼 보였던 나의 사고 방식이 바뀌게 되었습니다. 남자로서 저는 끊임없이 성적인 유혹으로 번민하였는데, 내적 치유 수양회를 통해 그 전과는 달리 그러한 유혹이 저를 지배하지 못하게 되었습니다. 그리고 내가 옛날에 경험했던 나쁜 기억들을 주님 앞에서 고백함으로 해결되었습니다. 그러한 좋지 못한 기억들이 나의 심령과 잠재 의식 속에서 깨끗하게 치유되었으며, 그것들은 힘을 잃고 말았습니다.

또한 나는 어린 시절의 기억들에 대해서도 큰 변화를 경험할 수 있었습니다. 저는 신실한 그리스도인 가정에서 자라났지만 건강하게 어린 시절을 보내지 못했습니다. 내적 치유를 받기 전에는 어린 시절을 회상하기만 하면 상처와 좌절감이 저를 괴롭히곤 했습니다. 하지만 내적 치유를 통해 상황이 완전히 반전되어 어린 시절의 좋은 기억들이 마음 속을 가득 채우고 있습니다. 이제는 나쁜 일들을 기억해내기 위해서 오히려 애를 써야 할 정도입니다.

저는 처음에 내적 치유 과정을 통해 영적 전쟁을 수행하는 방법론을 배우려고 했습니다. 그러나 그 과정은 단순한 방법론 이상이었습니다. 나는 이제 완전히 자유함을 누리게 되었습니다. 삶에서 새로운 차원의 승리를 맛보았습니다. 성령님의 인도하심을 받고 성령님에게 민감하게 되었으며, 또 다른 사람을 돕는 사역을 하면서 영적인 은사들을 점점 더 잘 활용하게 되었습니다.

그 이후 여러 해 동안 아내와 나는 수많은 사람들을 자유롭게 하는 사역을 하면서, 전 세계의 내적 치유 모델들과 자료들을 깊이 공부할 수 있는 특권을 갖게 되었습니다. 그러면서 많은 사람들의 삶 가운데에서 벌어지는 이런 엄청난 기적들을 보고 체험했지만, 마음 한 구석에서는 좌절감을 맛보고 있었습니다. 왜냐하면 이 사역에는 강한 영적 대결이 이루어지기 때문에 잘 훈련되고 노련한 전문가들이 필요한데, 보통 사람들은 이처럼 깊이 있는 사역을 감당할 수 없을 것이라는 생각 때문이었습니다. 그렇지만 몇 년 후에 나의 이런 고정 관념은 완전히 바뀌게 되었습니다.

비밀은 무엇인가?

1996년 말 정도에 랄프 네이버가 저에게 콜롬비아 보고타에 있는 ICM교회를 소개해 주었습니다. 이 교회는 전 세계에서 가장 빠르게 성장하는 교회들 중에 하나였습니다. 그래서 랄프 네이버, 래리 스타스틸, 조엘 코미스키 등이 이 교회에 가서 조심스럽게 연구하게 되었습니다. 이 교회를 조사한 결과 다른 교회와 특별히 차이가 나는 사항은 바로 이 내적 치유에 있다는 것을 발견하게 되었습니다. 이 교회의 모든 셀그룹들은 전 세계 다른 교회와 동일한데, 다른 점은 바로 내적 치유 수양회를 훨씬 더 잘 하고 있다는 것이었습니다.

그리고 놀라운 성장과 번식의 비결이 여기에 있었던 것을 발견하게 되었습니다. 어떻게 지도자들이 그렇게 빨리 건강하게 번식될 수 있을까? 무엇이 다른가? 왜 이 교회는 지도자가 그렇게 빨리 성숙하고 번식해 가는가? 그 답은 바로 ICM교회에서 행하여 지는 내적 치유 수양회에 있었던 것입니다. 처음 교회에 나온 사람들이 바로 이 수양회에 참여할 수 있도록 준비되어 있고, 여기에서 많은 역사들이 일어나고 있었던 것입니다. 이러한 내적 치유를 체험하며 우리들은 많은 것을 배웠고 교재도 개발했습니다.

보통 우리는 내적 치유 사역을 하기전 교회 안에서 어려움이 생길 때까지 기다리게 됩니다. 그리고 어떤 사람이 그리스도를 처음 영접하게 되면 초기에는 엄청난 성장을 보입니다. 그리고 그 사람이 잘 받아들이면 교회에 잘 다니고 소그룹에도 열심히 참석하리라고 기대하게 됩니다. 하지만 어느정도 성장한 후부터는 더이상 영적으로 성장되지 않는 것을 볼 수 있습니다. 10년이 지나도 이 사람은 신앙적인 어려움을 지속적으로 겪게 됩니다. 예를 들어 그 사람들은 결혼 생활에서도 어려움을 겪을 것입니다. 이런 위기의 순간에 다다라서야 겨우 우리는 이런 식으로 이야기하려고 할 것입니다. "조지, 너의 결혼이 이렇게 힘든 것은 모두 네 삶이 화로 가득차 있기 때문이야. 이런 일들을 주님 앞으로 가지고 나아갈 수 있도록 도와 줄께. 우리에게 잠깐만 시간을 내 주면 주님의 치유하심과 자유함을 경험할 수 있도록 도와 줄께." 이런 식으로 사역을 하면 하나님께서 강하게 역사하셔서 그들이 내적으로 치유되어 자유로워지는 것을 보았습니다. 그러나 슬프게도 그런 일은 벌써 오래 전에 일어났어야 하는 것입니다.

정말로 ICM교회는 10년이나 지나서야 리더들의 어려움과 결혼 생활의 위기를 치유하려고 하는 것이 아니라 처음 그리스도와 대면하고 그리스도의 사랑을 경험하며, 열정을 가졌을 때 바로 내적 치유 수양회를 개최한다는 것입니다. 그래서 그들을 사로잡고 있는 견고한 진으로부터 자유함을 누릴 수 있도록 처음부터 스스로 해결할 수 있는 능력을 키워 줍니다. 그래서 영적으로 어린 사람들이 바로 치유되고 건강한 리더들이 될 수 있도록 만들어 주는 것입니다. 이와 같이 ICM교회를 통해 검증된 내적 치유 수양회가 여러분들의 교회에 많은 도움이 되길 바랍니다.

내적 치유 사역의 시작

1997~1999년까지 저는 ICM교회의 모델을 공부했고 미국에서도 이것을 적용한 교회들을 집중적으로 연구해 왔습니다. 또한 캐나다, 영국의 교회에서 열리는 내적 치유 수양회를 참가하면서 조사해 봤습니다. 그 외에도 개인적으로 여러 수양회를 참가하기도 했습

니다. 그리고 이런 비슷한 종류의 내적 치유 사역자들과 이런 사역 단체들에 대해 연구하고 비교하고 검증했습니다. 처음에는 우리 교회에서 사용할 목적으로 내적 치유 수양회의 모델을 만들었습니다. 그런데 이 수양회를 통하여 하나님께서 놀랍게 사람들을 만지시는 것을 보았습니다. 또한 전 세계 교회를 다니면서 이것이 얼마나 필요한지를 절감하게 되었습니다. 그 다음부터 저에게는 이것이 아주 성경적이고 효과적이며 또 어느 교회에서든지 사용할 수 있는 번식을 위한 객관적인 교재가 되어야 한다는 확신이 생기게 되었습니다. 그래서 미국의 여러 교단에서 검토하여 수년 동안의 연구 끝에 내적 치유 수양회 교재를 발간하게 되었습니다. 이것은 미국 서부에 있는 하와이에서부터 동부의 끝에 있는 버지니아까지 많은 교회에서 검증을 한 것입니다. 그리고 기도하고 조사하고 평가하고 바꾸고 해서 이런 교재가 나오게 되었습니다. 이것은 유용할 뿐만 아니라 실질적으로 어느 교회든지 누구든지 사용하여 효과를 볼 수 있는 객관적인 교재입니다.

제가 처음으로 내적 치유 수양회를 인도했을 때 저에게는 두려움이 있었습니다. 결과가 전에 경험했던 집중 상담 과정보다 못하면 어쩌나 하는 것이었습니다. 그런 과정에서는 노련하고 훈련된 사람들로 구성된 소그룹 팀이 한 사람을 놓고 사역을 합니다. 이런 형태도 좋고 유익한 점이 있기는 하지만 여전히 무언가 부족한 점이 있습니다. 내적 치유 수양회를 인도하면서 놀라운 것은 가끔 만나서 상담하는 것보다 집중적으로 수양회를 하는 것이 훨씬 더 효과적이라는 것입니다. 그렇게 하는 것이 더 많은 것들을 가르쳐 주고 전달해 줄 수 있습니다. 왜냐하면 집에서 2~3일 정도 떠나 수양회를 하게 되면 우리를 사로잡고 있었던 영적인 쓴 뿌리가 더 잘 해결되는 것을 경험하게 되었습니다. 또한 중요한 것은 서로 후원자와 파트너가 짝을 지어서 서로 자기의 연약함을 고백하는 것입니다. 이것은 고도로 훈련된 상담가 대신에 성령께서 직접 인도할 수 있도록 하는 방법인 것입니다. 때때로 사역이 깊숙한 곳까지 접근하지 못할 수도 있지만, 스스로 영적 승리에 대해 책임을 질 수 있도록 양육하는 데 탁월한 역할을 하게 됩니다. 또한 짝을 지어서 사역하게 되면 사람들이 점차적으로 다른 사람들을 향해 사역하는 법을 배우게 됩니다.

내가 내적 치유 수양회를 통해 경험한 가치있는 일은 하나님이 역사하시는 것입니다. 저는 자주 가만히 있기만 하면 되었습니다. 하나님께서 친히 수양회를 인도하시는 것을 매번 경험하게 되었습니다. 사람들에게 아주 간단한 성경적인 가르침을 주고 그것을 자기들의 삶에 적용하도록 했을 때 하나님의 영히 임하셔서 놀라운 역사가 일어나며, 깊은 치유가 일어나게 됩니다.

사람들이 이 수양회를 시작하면 그 이후로 깨닫게 될 엄청난 진리가 기다리고 있습니다. 그리스도께서 이미 우리의 완전한 자유함을 위해서 모든 값을 치루었다는 것입니다.

정말 치유에 필요한 모든 값을 치루었기 때문에 우리가 어떤 행위를 하지 않아도 값없이 치유함을 경험할 수 있다는 것입니다. 치유함, 자유에서 오는 풍성한 삶이 우리를 기다리고 있다는 것입니다. 다만 우리가 할 일은 예수님께서 이미 성취하신 일을 우리 삶의 각 영역에 적용하는 것입니다.

이제는 내적 치유 수양회의 역사가 여러분을 통해 시작되기를 바랍니다.

제2과 내적 치유 수양회의 개요

목적

내적 치유 수양회의 목적은 사람들이 그리스도의 치유함을 삶의 모든 영역에서 경험하는 것입니다. 이 수양회는 그리스도의 주되심에 복종하며 그분의 온전하심을 덧입는 것에 초점이 맞추어져 있기 때문에 야고보서 5장 16절 말씀이 중심 구절이 됩니다. "이러므로 너희 죄를 서로 고하며 병 낫기를 위하여 서로 기도하라."

내적 치유 수양회에서는 요한복음 10장 10절에 나오는 예수님의 말씀을 강조합시다. "도적이 오는 것은 도적질하고 죽이고 멸망시키려는 것 뿐이요 내가 온 것은 양으로 생명을 얻게 하고 더 풍성히 얻게 하려는 것이라." 사탄은 사람들의 삶을 망치려고 합니다. 또한 사람들을 자기 영향력 밑에 두려고 합니다. 수양회에서 사람들은 이처럼 사탄이 망치기 위해 또 자기 영향력 하에 두기 위해 했던 거짓말들을 깨닫게 됩니다. 이런 부분들을 그리스도 앞에 가져와 회개하거나 후원자로부터 기도를 받을 때, 하나님께서는 우리의 삶을 풍성한 삶으로 바꿔주시고 자유함을 주십니다.

영적 전쟁은 바로 수양회의 한 부분이기는 하지만 내적 치유 수양회는 단순히 그런 탈출을 위한 이벤트가 아닙니다. 이것은 자유함을 누리며 살아가기 위한 내적 치유 수양회입니다. 그래서 하나님의 말씀 아래 우리의 삶을 돌아보고 또한 하나님께 완전히 순종하지 못한 부분을 그분에게 내어 놓는 것입니다. 긍휼히 여기는 마음과 하나님께 대한 기대감으로 사람들이 이렇게 할 때, 하나님은 치유의 능력과 성령의 생명이 우리에게 넘치도록 하실 것입니다.

수양회의 장소

내적 치유 수양회는 장소가 매우 중요합니다. 내적 치유 수양회는 지역 교회 건물이나 호텔, 수양관 등에서 이루어질 수 있습니다. 우리 경험으로는 내적 치유 수양회를 사람들이 살고 있는 도시 밖에서 하는 것이 가장 좋습니다.

또한 자기 교회가 아닌 다른 곳에서 하는 것이 효과적입니다. 그 이유는 일상에 대해 신경을 쓰지 않아도 되는 환경이어야 한다는 것입니다. 예를 들어 사람들이 전화를 받는다거나, 아이를 돌봐야 한다거나, 집에 빨리 가봐야 하는 등의 방해를 받으면 산만해지게 됩니다. 그래서 교회와 가정을 떠나 수양회를 하는 것이 수양회에 집중할 수 있고 효과도 매우 큽니다. 수양회의 장점 중의 하나는 하나님을 경험할 수 있는 그런 기회를 준다는 것입니다. 만약에 집이나 교회에서 행하면 또 하나의 세미나 형식으로 경험하게 됩니다. 그렇지만 교회와 가정이 아닌 곳에서의 수양회는 분위기가 다르기 때문에 좋습니다. 그리고 편안하고 아름다운 수양회를 가지는 것이 중요합니다. 그래서 어떤 교회는 이 수양회를 위해서 아름다운 수양관을 준비하고 여러 교회에서 공동으로 터치 본부가 주관하여 실행한 적도 있습니다. 중요한 것은 정말로 여기에만 집중할 수 있도록 시간과 장소를 마련해 주십시오. 먼저 여러분 주위에 이용할 수 있을 만한 그런 수양관이 있는지 사전에 검토하시기를 바랍니다.

남녀 따로 혹은 함께?

두 가지의 선택이 있습니다. 같이 할 수도 있고 따로 할 수도 있습니다. 첫 번째처럼 같이 할 경우 장점과 단점이 있습니다. 그렇지만 우리의 경험에 의하면 따로 하는 것이 매우 좋습니다. 그러면 시작과 동시에 더 깊은 대화와 치유를 경험하게 됩니다. 같이 하면 조심해야 하고 방해를 받는 측면이 있다는 것입니다. 때로는 부인들이 남편의 잘못을 드러내고 싶어하기 때문에 자기 문제보다는 남편들의 문제에 더 신경을 씁니다. 그리고 부인들은 강의를 들을 때 여러 가지 내용을 남편에게만 적용하려고 하는 반면 자기 자신에게는 적용을 하려고 하지 않습니다. 그렇기 때문에 따로 할 경우 깊은 친구 관계를 맺고 마음속의 이야기를 털어놓을 수 있습니다. 또한 따로 할 경우에 사람들의 참여도가 더욱 높을 뿐만 아니라 수양회를 더욱 즐기게 됩니다.

그리고 아이가 있는 부모들은 아이를 잘 보살펴 주어서 아이들에게 신경을 쓰지 않고 참여하도록 해야 합니다. 또한 결혼을 앞둔 청년들은 배우자에게 신경을 쓰지 않아도 되기 때문에 훨씬 더 쉽게 수양회에 집중할 수 있습니다.

따로 하는 수양회를 열 경우에 남자 모임을 먼저 할 것인지 여자 모임을 먼저 할 것인지는 중요하지 않습니다. 남성들이 먼저 모이고 여성들이 한 달 후쯤 모일 수 있습니다. 중요한 것은 부부들이 따로 모일 수 있도록 하는 것입니다. 그러나 모임의 간격이 너무 짧아 시간과 경제적으로 부담을 가지게 하면 안 됩니다.

사역의 짝

여섯 가지의 치유의 단계를 마치면 사람들은 서로 후원자가 되어 사역하게 됩니다. 항상 형제는 형제끼리, 자매는 자매끼리 하는 것이 중요합니다. 만약에 3~4명을 소그룹으로 만든다면 혼동이 일어나게 되고 사역이 길어집니다. 또한 이 수양회의 지도자들은 마구잡이로 후원자를 결정하는 것이 아니라 준비하고 기도하고 조심스럽게 후원자를 짝지어 주어야 합니다. 터치 셀교회 커리큘럼 0권, 1권을 함께 한 사람들이 파트너가 되어 함께 들어가는 것이 가장 좋은 방법입니다. 제가 수양회 지도자가 되었을 때 기억에 남는 것은 팀과 함께 하루 정도 일찍 간다는 것입니다. 먼저 수양관에 가서 팀과 같이 수양회 준비를 위해 오래 기도합니다. 이것은 수양회 준비에 효과적입니다.

또한 나이가 비슷한 사람들끼리 후원자가 되는 것이 중요합니다. 또한 셀그룹 안의 멤버라면 더욱 좋겠지요. 그러면 지속적인 관계가 쉽게 이루어질 수 있습니다. 하나님은 정말로 신실하시기 때문에 후원자들의 사역을 인도하시고 세밀하게 간섭하십니다. 그리고 사역의 후원자를 결정하는 일은 금요일 저녁 두 번째 강의 시작 전에는 해야 합니다. 기도로써 준비하고 만약에 후원자가 맘에 들지않아 불편해 하면 자연스럽게 바꾸어 주십시오.

놀라지 마십시오. 이 짝끼리 하는 사역 자체가 수양회의 중요한 과정입니다. 또한 내적 치유 수양회의 인도자 가이드를 잘 보시기 바랍니다. 그리고 수양회 지도자들은 어떻게 서로 사역을 하는 것인지 다른 사람들이 보고 배울 수 있도록 사역의 모델이 되어 주십시오. 어떤 사람은 후원자가 마음에 들지 않아 이야기를 나누지 않을 수도 있습니다. 만약에 그런 사람이 있다면 리더들이 상담하고 다른 수양회에 참가할 수 있도록 이끌어 주어야 합니다. 때로는 서로 나누기를 싫어하는 사람이 있는가 하면 엄청난 것을 나누기 때문에 후원자가 부담을 가질 때가 있습니다. 그런 경우에는 리더들에게 고백을 하고 도움을 청하시기 바랍니다.

두 사람이 짝을 지어 사역 짝이 되었을 경우에 새신자들도 사역을 효과적으로 수행할 수 있다는 사실을 알게 되었습니다. 그리고 새신자들이 서로 후원자가 되었을 경우에는 수양회 리더나 셀그룹 리더 중의 한 분이 처음 한두 번은 모범을 보임으로써 그것을 그대로 보고 배울 수 있도록 하시기 바랍니다. 제가 내적 치유 수양회 지도자 가이드에서 주장했듯이 절대 아무도 스트레스를 받거나 억지로 하면 안 됩니다. 그래서 자유롭게 나눌 수 있는 분위기를 만들어 주시기 바랍니다. 사람들의 마음이 열리고 성령님께 반응할 수 있도록 죄책감이나 부담이 없는 분위기를 만들기 바랍니다.

수양회가 진행됨에 따라 더욱 민감해져야 합니다. 수양회 중간에 후원자를 바꾸는 일은 극히 삼가해야 할 사항입니다. 그렇지만 필요할 경우는 후원자를 바꿀 수도 있습니다. 어려워 하는 사람이 있는 경우 자신이 직접 후원자가 되는 것도 지혜로운 방법입니다.

만약에 정말로 많은 문제가 생긴 사람이라면 그때는 다른 사람들에게 방해가 되지 않도록 수양회를 마친 다음 나중에 상담을 하거나 특별한 관심을 기울이고 치유를 해야 할지도 모릅니다. 또한 어려운 사람이 생기면 셀 리더들이 직접 일대일 상담을 해 주시기 바랍니다.

제3과 수양회 스케줄

내적 치유 수양회의 과정

수양회의 과정을 이해하는 일은 매우 중요합니다. 금요일 저녁에는 식사를 하고 수양회에 참석하도록 해야 합니다. 수양회는 서로 환영하고 친숙한 분위기를 조성하고 광고하고 경배와 찬양을 하는 것으로 시작합니다. 경배와 찬양은 하나님과 사람들이 만나는 데 중요한 역할을 합니다. 또한 하나님이 임재할 수 있도록 마음을 열어 줍니다. 그래서 경배와 찬양을 충분히 준비하고 찬양 인도자를 세우시기 바랍니다.

첫 날은 두 개의 과목이 있습니다. 제1과는 영적 전쟁의 기초에 대해서 나눕니다. 거기서 우리가 얼마만큼 그리스도의 죽음을 통해서 승리를 얻을 수 있는지 설명합니다. 제2과는 1강의와 2강의로 나뉘어집니다. 그리고 1~2명이 1강의, 2강의를 가르칠 수 있는데, 1강의에서는 고백하는 것이 얼마나 능력이 있는지를 가르치는 것입니다. 또한 이단이나 나쁜 종교에 빠지는 것이 얼마나 위험한 일인지를 이야기 해 주어야 합니다. 서로 죄를 고백하면 주님은 용서해 주신다고 말씀하셨습니다. 예를 들면 예수를 주라 고백하는 것이 중요하고, 또한 다른 종교에 속해 있다는 것은 영적으로 간음한 것이기 때문에 굉장히 위험한 것이라는 사실을 제2과 첫 강의에서 강조해야 합니다. 둘째 강의에서는 치유를 하기 위해 수양회가 어떻게 진행이 되는지 그 체계를 가르치는 시간입니다. 또한 모델을 통해 배울 수 있도록 앞에 실제로 시연하며 인도해 주시기 바랍니다.

이어서 서로 짝을 지어 연습할 수 있는 시간을 주시기 바랍니다. 잘 진행되고 있는지 확인을 하시기 바랍니다. 첫 날의 두 시간이 매우 중요합니다. 금요일 저녁에 수양회를 시작하기 때문에 도착하자마자 피곤할 수 있으므로 너무 시간이 늦지 않도록 조심해 주시기 바랍니다. 중요한 것은 두 과목의 과제를 꼭 끝마쳐야 한다는 것입니다. 시간이 걸리더라도 충분한 시간을 주어 꼭 마칠 수 있도록 해 주시기 바랍니다. 금요일 저녁에 두 번째 나눔에서 여섯 번의 사역 기회가 있습니다.

내적 치유

1. 어두움에서 빛으로
2. 속박에서 자유로
3. 불순함에서 순결함으로
4. 상한 마음에서 온전한 마음으로
5. 반역에서 순복으로
6. 저주에서 축복으로

이 순서가 매우 중요합니다. 우리가 많이 실시하고 검증해 보았는데, 이 순서가 바로 이 내적 치유 수양회를 다른 내적 치유 수양회보다 탁월하게 하는 점이라는 것이 검증되었습니다. 처음에 '어두움에서 빛으로' 라는 과정을 시작합니다. 이것은 서두르지 않고 깊이 나눌 수 있는 과정입니다. 이 과는 매우 중요한데, 내적 치유 수양회 형태를 쉽게 경험할 수 있는 기회를 만들어 줍니다. 그리고 2, 3번째 나눔은 개인적으로 더욱 깊게 들어가게 됩니다. 4번째 나눔은 우리의 상처와 쓴 뿌리와 용서하지 못하는 마음에 집중합니다. 이것이 이 수양회의 최고 절정이 될 수 있습니다. 왜냐하면 여기가 수양회의 중간 정도의 과정이기 때문입니다. 여기서 더 많은 것을 나누고 사역도 많이 해 그 다음으로 이어지는 중요한 과정입니다. 5번째는 때때로 과거의 상처나 다른 사람으로부터 거부감을 느꼈기 때문에 생긴 불복종에 관하여 나눕니다. 그래서 과거의 아픔이나 그런 쓴 뿌리나 거부감이 잘 해결되지 못하면 그 다음의 과정이 효과가 없는 것입니다. 6번째의 과정은 저주를 멈추고 축복을 하는 것입니다. 이것을 마지막 과정으로 한 이유는 다른 사역과 혼동되지 않게 하기 위함입니다.

또한 이 내적 치유 수양회는 두가지의 중요한 과정으로 끝나게 되는데, 승리의 삶을 사는 것과 축복의 시간입니다. 승리의 삶에 대한 가르침은 아주 힘 있고 살아가는 원리를 전하는 것으로 어떻게 사람들이 수양회 이후에 승리하는 삶을 살 수 있는지를 배우게 합니다. 그리고 나서 간단한 대화와 나눔 및 기도 등 3가지를 할 수 있습니다. 이것을 통해서 자신에게 적용을 할 수 있는 것입니다. 만약에 사람들이 피곤함을 느끼게 되면 이 과정은 짧게 하는 것이 효과적입니다.

축복의 시간

축복의 사역은 이 내적 치유 수양회의 절정입니다. 간단하지만 강력한 힘이 있습니다. 먼저 사람들을 6~8명의 소그룹으로 나눕니다. 그 다음에 후원자들이 모두 소그룹 안으로 들어가야 합니다. 만약에 부부가 수양회에 참가했을 경우에는 부부끼리 짝을 지어주시기 바랍니다. 각 그룹에서 2명의 리더를 정하시기 바랍니다. 이때 리더들은 성령께 민감한 사람이면 더욱 좋습니다. 그러면 수양회는 훨씬 더 효과적일 것입니다.

지도자들은 한 번에 한 사람씩 기도해주시기 바랍니다. 기도를 받은 사람은 내적 치유 점검표를 찢어서 쓰레기통에 버리시기 바랍니다. 그리고 난 뒤 의자에 앉아 기도를 하면서 사역을 하게 됩니다. 각 사람에 대한 사역이 끝난 후 기도를 받은 사람은 특별히 나누고 싶은 기도 제목을 말합니다.

또한 소그룹은 기도 받는 사람이 성령 충만을 경험할 수 있도록 강력히 기도합니다. 그리고 기도를 받는 사람은 그리스도께 순종하는 자세로 기도를 받아야 합니다. 그런데 한 그룹이 모델이 되어 다른 그룹을 보여주는 것이 좋습니다. 만약에 이 과정이 생소하신 분은 터치코리아에서 제작한 비디오를 참조하시기 바랍니다. 중요한 것은 이 사역을 하기 위해서는 사전에 충분히 이해를 해야 한다는 것입니다. 전체적인 흐름을 파악하지 못하면 효과가 없습니다. 또한 서로 사역을 할 수 있도록 인도하여 주시기 바랍니다. 그리고 다같이 모여 다음 단계인 교회의 양육과 훈련에 대해 설명하여 주시기 바랍니다. 마지막으로 수양회 준비위원들께 감사하고 전체를 축복하는 기도로 수양회를 마치시기를 바랍니다.

수양회 일정 선택안

처음에 우리가 시작한 일정이 모범적인 것입니다. 이 수양회의 일정은 짧게 할 수도 있고 길게 할 수도 있습니다. 짧게 일정을 잡을 경우 '저주에서 축복으로' 라는 강의가 빠질 수도 있습니다. 처음으로 수양회에 참가한 사람들은 일정이 짧다는 느낌을 많이 받습니다. 그래서 수양회의 일정을 길게 한다면 6가지의 사역 시간과 자유 시간을 가질 수 있습니다. 따라서 이 경우 수양회가 매우 효과적입니다. 가능한 수양회를 길게 하시기 바랍니다. 또한 지속적으로 사역을 할 수 있는 시간을 주시기 바랍니다. 성령 충만을 느낄 수 있도록 많은 시간을 주시기 바랍니다. 터치 본부에서 제공하는 파워 포인트와 비디오를 참조하시기 바랍니다. 만약에 더 좋은 아이디어가 있으면 터치 본부에 알려주시기 바랍니다. 남녀가 섞여 있다면 2번째 과목 '부정함에서 순결함으로' 와 '승리의 삶' 은 두 그룹으로 나누어 따로 사역하는 것이 좋습니다.

일정이 끝나기 전에 식사 시간을 점검하시기 바랍니다. 그리고 절대로 참석자들에게는 자세한 일정을 알려 주지 말아야 합니다. 그래야 수양회에서 이루어질 일들에 기대감을 가지게 됩니다. 오직 리더들에게만 일정을 알려 주어 자유롭게 운용할 수 있도록 해 주시기 바랍니다.

정상적인 스케줄

금요일	
7:00 오후	도착, 등록, 방배정
8:00	소개, 예배, 광고
9:00	영적 전쟁 이해하기
10:00	휴식
10:15	어두움에서 빛으로 치유 받고 치유하는 사역
11:15	강의 끝 – 교제와 사역

토요일	
7:40	아침 식사
8:30	예배
9:00	속박에서 자유로
10:00	부정함에서 순결함으로
11:00	상한 마음에서 온전한 마음으로
12:00 정오	점심식사와 자유 시간
2:45	짧은 예배
2:55	거역에서 순복으로
4:00	저주에서 축복으로
5:30	저녁식사
6:30	승리의 삶
7:45	축복시간
9:15	당신의 앞으로의 사역
9:30	해산

4과. 잘 준비해서 올바로 시작하라

담임 목회자의 축복

내적 치유는 교회의 모든 사역 중에서 잠재적인 주축이 되는 사역이기 때문에 내적 치유 수양회에 참여하려고 하는 사람들에 대해서 담임 목사님의 축복을 반드시 받아야 합니다. 그렇다고 해서 꼭 담임 목사님이 내적 치유 수양회를 이끌 필요까지는 없습니다. 그러나 담임 목사님의 격려와 지원 없이 열려서는 안 됩니다.

내적 치유 수양회에 대한 관심은 담임 목사님으로부터 시작되어야 합니다. 여러분의 교회가 이러한 경우가 아닐 경우, 교회의 리더들과 분명한 대화가 있어야 합니다. 내적 치유 사역에 대한 담임 목사님의 충분한 지원이 없이 시작해서는 안 됩니다.

대개 담임 목사님은 죄와 분노로부터 교인들을 자유롭게 해주는 사역에 대해서 긍정적입니다. 건강한 교회가 되도록 하나님께서 부여해 주신 책임감 때문에 담임 목사님들이 이에 대해서 회의적일 때가 있을 뿐입니다. 이것을 실시하기 위해서는 충분한 시간이 필요한 것이기에 너무 걱정하지 마십시오. 기도하십시오. 그리고 대화하시고, 인내하십시오.

내적 치유에 대한 비전을 이야기하는 데 있어서 내적 치유 수양회 지침서를 사용하십시오. 내적 치유 수양회에 대한 것들을 설명하는 데 있어서 내적 치유 수양회 가이드가 도움이 될 것입니다.

큰 그림을 그리라

내적 치유 수양회는 교인들이 하나님의 능력과 치유하심을 경험하는 경외의 장입니다. 그렇다고 고립된 사역이 아닙니다. 사람들을 세우고 사역의 짓눌림으로부터 자유롭게 해주는 전략 중의 하나가 내적 치유 수양회입니다.

하나님께서 그들을 통해서 신기하고 놀라운 사역을 하시기 때문에 내적 치유 수양회를 개최할 것을 제안합니다. 당신은 하나님께서 그들을 치유하시는 모습을 보기 원할 것입니다. 이것이 개최하려는 유일한 동기라면 좀 더 큰 그림을 그리라고 말해 주고 싶습니다. 사람들을 세우고 사역의 짓눌림으로부터 자유롭게 하는 일에 있어서 당신은 교인들을 얼마나 자유롭게 해 주십니까? 하나님 나라를 확장하는 일에 교인을 동원시키기 위해 당신은 어떤 계획을 가지고 있습니까? 당신의 공동체를 통해서 전 세계 도처에서 정말로 그 계획을 성취하시기 원하십니까? 추수를 위해 당신은 지도력을 얼마나 번식시키시고 세십니까?

내적 치유 수양회를 인도하기 전에 먼저 경험하십시오

내적 치유 수양회를 진행하기 전에 먼저 자신이 수양회를 경험하는 것이 좋습니다. 다른 교회의 수양회에 참여하시거나 수양회를 이끌어 본 경험이 있는 사람을 초청하십시오. 그리고 나서 수양회를 여십시오. 수양회 경험은 수양회의 기교와 흐름에 대한 감을 잡게 해 줄 것입니다.

당신이 직접 다른 교회의 수양회에 참석할 수 없거나 누군가를 초대할 수 없다면 터치 코리아가 주최하는 수양회 세미나에 당신과 당신의 팀들이 참여할 것을 추천합니다. 참가할 때 터치 셀교회 커리큘럼 0권부터 2권까지 후원자와 함께 끝낸 분들이 함께 온다면 아주 효과적인 내적 치유 수양회가 될 것입니다. 만약에 터치 셀교회 커리큘럼 0권부터 2권까지 후원자와 함께 끝내지 못했다 하더라도 신뢰할 수 있고 이미 관계가 있는 짝을 정하여 내적 치유 수양회에 참석하는 것이 좋습니다.

당신 자신이 교재들에 친숙해져라

수양회를 개최하기 전에 먼저 교재들과 친숙해져야 합니다. 먼저 터치코리아 세미나에 참석하십시오. 당신이 직접 모든 교재들을 사용해 보십시오. 내적 치유 수양회 리더용 교재를 참고 하고 파워포인트 파일을 활용하십시오. 파워 포인트와 프로젝터를 통해서 강의를 효과적으로 진행 할 수 있습니다. 모든 교재를 직접 다 사용해 보십시오. 기술적인 문제로 인하여 파워 포인트를 사용할 수 없다고 하더라도 수양회는 충분히 이끌 수 있습니다. 실질적인 가르침이 중요한 것입니다. 지도자용 교재를 철저하게 공부하셔서 가르치시기 바랍니다.

지도자들로부터 시작하라

내적 치유 수양회를 시작할 때 먼저 교회의 핵심 리더들부터 시작하십시오. 그들이 먼저 익숙해져야 합니다. 교회의 영향력 있는 사람들부터 시작하는 것이 앞으로 계속해서 수양회를 개최하는데 있어서 큰 힘을 실어줄 수 있습니다.

당신이 처음에 당신의 교회에서 수양회를 개최할 때 수양회에 셀 리더들이 참석할 수 있도록 그들과 이야기하십시오. 첫 수양회 때 그들이 참석할 수 없다면 다음 번 수양회 때 참여할 수 있도록 계획을 세우십시오.

최근에 저와 제 아내는 이사해서 다른 교회에서 사역하기 시작했습니다. 우리는 거기서 남성 셀 리더들을 위한 내적 치유 수양회와 여성 셀 리더를 위한 내적 치유 수양회를 열기 시작하였습니다. 일 년 후에 우리는 참여의 폭을 좀더 넓혔습니다. 그리고 이 수양회를 모든 새신자들과 교인들이 참여할 수 있도록 다이아몬드 야구장 시스템에 집어넣었습니다.

다른 교회와 합동으로 실시하기

이 내적 치유 수양회는 미국과 캐나다의 여러 복음적인 교단 교회에서 검증하였습니다. 여러 교회가 같이 내적 치유를 준비했을 경우 많은 이익이 있습니다. 여러 팀들이 나누어 준비하므로 준비가 쉽고 비용도 저렴할 수가 있습니다. 또한 소규모로 준비하는 교회나 경험이 없는 교회는 경험이 있는 교회가 진행을 도와줌으로써 효과있는 수양회를 준비할 수 있게 됩니다. 두 가지 방법으로 다른 교회와 같이 내적 치유 수양회를 준비할 수 있는데, 첫번째 방법은 수향회 계획, 준비, 지도력 등을 상의해서 같이 준비하는 것입니다. 두 번째 방법은 한 교회가 준비를 하고 다른 교회를 초대하는 방법입니다.

터치 국제 본부에서는 한 교회가 준비하고 다른 교회를 초대하였을 때 좋은 경험을 많이 했습니다. "가"라는 교회가 준비가 부족할 때 "가"라는 교회 교인들을 "나"라는 교회의 내적 치유 수양회에 보내기도 하고 "나"교회 준비가 부족할 때 "가"라는 교회의 내적 치유 수양회에 교인들을 보내기도 합니다.

5. 수양회 조직하기

언제, 어디서를 결정하기 전에 누가 할 것인지 결정하라

누가 조직하고 지도력 팀이 될 것인지 결정해야 합니다. 다른 교회와 연합할 것인가? 남녀 따로 할 것인가? 첫 수양회에 누구를 초청할 것인가? 가장 핵심이 되는 그룹으로부터 시작하는 것이 좋습니다.

팀을 형성하라

남녀를 따로 한다면 두 팀이 필요합니다.
- 수양회 디렉터의 역할: 전체 계획 수립, 수양회 방향 설정, 팀원선정, 준비모임 인도, 책임의 위임, 현장에서 수양회 인도하기.
- 수양회 행정담담: 병참 업무 담당, 장소 물색, 안내장 만들기, 홍보, 등록, 음식 준비.
- 수양회 강사: 팀이 인도하는 것이 가장 좋다(두 사람 이상). 강사는 스케줄과 정해진 토의 시간을 따라가는 것이 중요합니다. 대부분의 강의는 짧게 계획되어 있습니다. 강사가 너무 길게 강의하면 사역시간이 줄어들고 효과를 감소시킵니다.

홍보

교회의 기존 홍보망을 이용하고 따로 초대장이나 소개 비디오를 제작하십시오.

수양회에 참석했던 사람의 간증도 힘이 있습니다(예배, 셀그룹 모임, 성경공부반, 리더 모임 등에서). 수양회를 교회 양육체계에 포함시킬 때는 새신자나 새회원에게 그 중요성을 알리십시오. 초대장과 홍보비디오를 활용하는 것이 효과적입니다. 어느 순간엔가 자체적인 모멘텀이 붙을 것입니다.

수양회를 진행할 팀원의 요건

치유사역을 담당한 사람들은 다음과 같은 자격을 갖춘 사람이어야 합니다.

* 교회의 제자 훈련이나 양육과정을 끝낸 사람

* 내적 치유 수양회에 참가했던 사람

* 셀 사역에 적극적으로 참여하는 사람

* 다른 사람을 비난하지 않고 먼저 자신을 치유하는 사람

이 단순한 요건을 무시한다면 당신은 많은 시간을 낭비할 것이고 그들 중 거의 아무도 승리의 삶을 살아가지 못할 것입니다.

만일에 개인적으로 이 프로그램을 사용한다면 수양회 사역 방식을 그대로 따라야 합니다. 두세 사람이 한 사람을 위해 사역하는 것이 좋습니다. 수양회와 마찬가지로 같은 성별끼리 사역하게 하는 것이 바람직합니다.

내적 치유 점검표 목록을 수양회 때와 똑같이 사용하지만, 다른 사람과 함께 하는 것이 아니라 개인적으로 다룹니다. 3~4시간 정도의 사역 시간을 갖습니다. 사역 받는 사람은 목록 중에서 그들이 죄지은 영역에 대해 큰 소리로 외칩니다. 사역 받기 전에 죄를 고백하고 다른 사람을 용서한다. "상한 마음에서 온전한 마음으로"의 시간에는 보통 시간이 많이 소비되는데, 상처가 있어서 용서하고 치유 받아야 할 핵심적인 관계에 대해 토의할 때면 많은 시간이 걸리기도 합니다.

주 초점은 상담이나 사역이 아니라 그리스도를 주인으로 모시는 것입니다. 이 사역의 목적은 우리의 삶을 그리스도께 가져가는 것이고 결과적으로 그분의 치유를 받고 섬기는 능력을 받는 것입니다.

자유를 누리며 섬기게 됨

　모든 교회의 주된 임무는 그리스도를 선포하고, 사람들이 더욱더 그분께 항복하면서 그분의 통치아래 들어가서 그분이 주시는 풍성한 삶을 살게 하는 것입니다. 이 사역을 완수하려면, 더 많은 일꾼이 필요합니다. 예수님의 말씀처럼, "이에 제자들에게 이르시되 추수할 것은 많되 일꾼은 적으니 그러므로 추수하는 주인에게 청하여 추수할 일꾼들을 보내어 주소서 하라 하시니라" (마태복음 9:37~38). 추수할 일꾼을 얻기 위해 기도하고 있다면 내적 치유 수양회가 바로 그것을 해결해 줄 것입니다. 우리는 추수할 일꾼이 되어 미성숙한 사람들을 성숙하게 만들어 리더가 되도록 해야 합니다.

　이 수양회는 양육 초기에 실시되어야 합니다. 그렇게 하는 것이 사람들의 성장에 방해되는 요인을 미리 제거해서 영적 성장을 가속화시킵니다. 내적 치유 수양회가 끝날 때마다 "당신의 앞으로의 사역" 에 대해 알려주십시오. 수양회가 끝나면서 사람들은 자유로움과 흥분과 은혜를 느낍니다. 그리고 "그 다음에는 무엇을 하지?" 라고 묻게 됩니다. 이때가 교회의 다음 양육 단계를 설명할 최고의 기회입니다.